大山中教育的信念与思维

贵州省初中名校长王友波工作室文集

王友波/主编

吉林出版集团股份有限公司

图书在版编目（CIP）数据

大山中教育的信念与思维：贵州省初中名校长王友波
工作室文集 / 王友波主编 . — 长春：吉林出版集团股份
有限公司 , 2018.12

ISBN 978-7-5581-6466-8

Ⅰ . ①大… Ⅱ . ①王… Ⅲ . ①初中—教育工作—贵州
—文集 Ⅳ . ① G63-53

中国版本图书馆CIP数据核字(2019)第013291号

大山中教育的信念与思维：
贵州省初中名校长王友波工作室文集

主　　编	王友波	
责任编辑	齐　琳　史俊南	
责任校对	董　凯	
封面设计	邢海燕	
开　　本	710mm×1000mm　1/16	
字　　数	220千字	
印　　张	14.25	
版　　次	2019年4月第1版	
印　　次	2019年4月第1次印刷	
出　　版	吉林出版集团股份有限公司	
电　　话	总编办：010—63109269	
	发行部：010—85173824	
印　　刷	北京虎彩文化传播有限公司	

ISBN 978-7-5581-6466-8　　定价：45.00 元

序言 一群人，一个梦，一起行……

王友波

　　贵州，山川秀美、空气清新，但在中国的教育版图上，标注的却是欠发达的背景颜色。

　　改革开放四十年，中央对教育的重视和对贵州的（政策）倾斜，贵州省委、省政府加大对教育的投入，老百姓对优质教育的渴求，使贵州的教育发生了翻天覆地的变化——色彩亮丽、功能日趋完善的大楼，标准塑胶运动场，满足需求的学生宿舍和食堂，加上适时适地的绿植……学校，已经成为欠发达省份贵州城乡中一道亮丽的风景线。

　　教学设施日趋完善的同时，贵州也加大了对教师学习培训的力度，除了积极派出教师、学校管理人员到上海、深圳、广州等东部教育发达城市学习培训外，省内还开展"三名"工程（名校长，名班主任，名师）建设。随着首批省级"初中名校长工作室"的建成和开展活动，在王友波工作室，我们也聚集了一群人，怀揣着一个梦想，一起走向远方。

　　有人说，要想走得快，一个人上路；要想走得远，就要一群人结伴而行。在这个工作室里，聚集了这样一群人，长者年近六旬，幼者三十出头；有教育经历丰富者，乡村教师、乡村校长、初中校长、教育行政机关工作都经历过。也有几十年如一日，长期耕耘在讲台和学校一线的教育工作者，有经营企业成功后发誓要为中小企业提供管理支撑的杨顺波院长，也有仅在一所学校工作，逐渐成长起来的新秀。红颜与白发对应，智慧和渴求碰撞，他（她）们共同的一点是：对教育饱含深情，面对孩子求知若渴的眼神，感受到肩上沉重的责任，都想为孩子、为学校、为自己、为乡村教育的改变尽一份力。

这群人，或集中听讲座，或外出培训观摩，或进入课堂听课、评课，或深入薄弱学校"切脉问诊"，或在研讨中争论得面红耳赤，或在夜色如水的窗前冥思……不知不觉中，已经过去两年的时间。无数次的碰撞、自省，我们管理的学校在不知不觉中变化着，我们也有了一些感悟，最终这些感悟与思考凝结成了这本册子。因为都是在学校一线上耕耘的农夫，言辞中没有专家、学者的精练，多了几分乡村的淳朴。因为没有经过系统的理论培训，更多的是表象的收集和初步的探索，不敢妄称《文集》，但它的的确确是结晶，我们这群人用两年时间回忆自己教学生涯的结晶；是见证，见证这群人一起走过的历程；是一个梦，贵州教育腾飞的梦——乡村孩子享受优质教育的梦，长驻心中。

敝帚自珍，我想这本册子对我们这群人便是这种感觉吧！

目录
CONTENTS

第一编　一个人从教 30 年的思考和体会

——对教育的思考

——教育教学体会

第二编 一群人多年教学及管理的经验

——观点·建议

——实践·案例

——感悟·随笔

第一编

一个人从教 30 年的思考和体会

——对教育的思考

从教 30 年对教育的思考

王友波

本人 30 年的从教生涯，大致可以分为四个阶段。

第一个阶段，1988 年至 1999 年，在农村和边远乡村九年制学校任教。正值中专、中师毕业生还在包分配的时候，我所工作的地区老百姓还很贫穷，由于地处喀斯特地貌典型区，劳作一年仅能维持基本的温饱，因此"跳出农门"成为寒门学子及其父母最大的愿望。所以围绕考试怎么考就怎么教，考什么就教什么，对考试的研究成为自己教育的全部。曾经有过 1995 年中考政治押中 87 分题目的"辉煌成绩"。那一个阶段，没有关心过学生的成长，没有关心过学生随着年龄的增长发生的心理的变化。学生在老师的眼中就是考试的机器，选拔、培养、评价基本基于能不能考试，可不可以考高分的判断，也正是这段时光在老百姓和学生中奠定了"好老师"的形象。偶尔与这个时段的学生闲聊，还是"那个时候王老师你对我们太凶了""不过你对付考试倒是很厉害的"，当年许多考入师范的学生，刚走上讲台的几年，都带有我当初"严师"的影子。

第二个阶段，2000 年至 2006 年，这一段时间我在一所农村独立中学任校长和在教育局任分管后勤和招办的副局长。正是惠水县迎接"两基"国检的时候。工作的原因，对基础教育有了较为系统的学习，对照国家的办学验收标准，全县各级各类学校跑下来，深深地感觉到贫困地区办大教育的艰辛，各种教室、功能室、设备、体育场馆的缺失，师资数量的缺乏和素质上的不堪，观念的落后，与发达地区硬件上的差距，无一不在冲击着自己的神经。我经常在想，我们这种条件下的教育，能够培养出什么样的人？我们这种观念下的课堂教学，为什么会有这么多辍学的学生？我们这样仅凭几本课本的基础教育，和几百年前的私塾有什么区别？这个阶段，我对教育的思考与理解，渐渐地变得丰富起来，单纯关注应试成绩进而到基础条件、师资水平、教育理念在对人的影响、培养中的作用，也正是这个时候，中专、中师的不包分配政策使更多的农村子弟走进高中。我能够在高中近距离地观察他们，感受他们在面对县城学生时的胆怯与困惑，以及因此而产生的自卑或内心封闭。那个时候我曾想，教育的目的是什么？教育，特别是学校教育，我们发挥了什么样的作用？我们改变了多少不文明的习惯？我们是否给孩子打好了更上一层楼的基础？可以这样说，这一阶段在忙碌的同时也在思考，在外界信息冲击下与本地实际的思索，是内心的教育逐渐形成的阶段。

第三个阶段，2006 年至 2016 年，这十一年我都是在惠水二中度过的。这是一所大型的完全中学，由近 3000 名高中生和千余名初中生组成。学生结构较为复杂，初中部分基本上是全县最优秀的学生，有县城小学通过统一考试进来的走读生，有各乡镇通过二中自招进来的寄宿生。而高中则是不能录取到民中但又不愿意到职校就读的初中毕业生，绝大多数来自边远乡镇，少部分来自县城中学却相当顽劣。学生来源复杂，学生和家长的目标也不一样，初中学生要求的中考能进入全县前十、前一百，到贵阳的优质高中，再不济也到省级示范性高中或普通高中的实验班就读。而高中学生对未来的盲目又迫切需要老师和学校的帮助。这个时候我一直在思考，教育是什么？教育要给学生什么？教育在社会的发展中要承担什么样的义务与责任？有没有最好的教育？让家长、社会、学生、教师都满意的教育？带着这些思考在二中的十一年一直都在尝试：我们尝试过规矩教育，力图使来自不同背景家庭的孩子养成社会认可的行为习惯；我们在初中改革课堂教学模式，在全州首先推行小组学习、合作探究、教师"三讲三不讲"；我们推行学校服务社会化购买，想让教师专注于教育教学本身；我们引进书店到校园内，让孩子养成阅读的习惯……做了很多，但却不能完全回答心底那四个问题，看到惠水二中的学生与其他中学的差异越来越大，对这四个问题的询问也越来越迫切，感觉自己走进一个没有出路的死胡同，也多次申请离开学校，想换个世界重新审视这些问题。

第四个阶段，2017 年 3 月调到县政府教育督导室。我有更多的时间到中小学调研，有更多的机会去接触校长、老师和学生，在开展教育满意度调查的时候，面对许多的家长，听他们诉说对孩子的希望和对学校的种种不满意；面对学生，鼓励他们勇敢地评价学校、老师。我才发现：校长心目中的好教育的标准与家长、孩子的期望偏差太多，而家长、孩子对学校教育成功与否的评判与我们努力的方向、目标又不太一样。经过这一年，我认识到——教育就是帮助每一个人认识自己、发现自己、超越自己，人人都可以通过努力实现梦想，成为自己想成为的样子；教育没有最好，没有更好，只有最适应，这才是办人民满意的教育；而基础教育，则是在特定的年龄段，养成具备成为其自己的最基本条件，避免到他想飞的时候才发现没有长翅膀，想跑的时候才发现没长腿。我们没必要也不能为他十年二十年后人为地设定道路，为不可期的未来牺牲当下。

我的理想便是：办严谨而向内的教育，培养斯文内敛、理智文明、内心平和的普通人，为不可预见的未来奠定基础。

以高效课堂为载体，寻找教与学模式的转变

——2014 年在黔南州课改交流会上的讲话

王友波

自 2004 年全省义务教育阶段实行课改以来，是否需要改革，改到什么程度，如何评价改革的成功与否，教育专家、任课教师、家长和社会一直争议不断。在争议中，东部发达省份涌现出江苏洋思中学、东庐中学、山东杜郎口中学等示范学校，但教学模式，特别是课堂教学所呈现的载体和方式也不尽相同。

惠水二中作为一所发展中的完全中学，一直在寻找一条符合本校实际的课改之路。

2007 年，我校在校初中学生 1423 人，高中生 478 人。2007 年中考全县排名第四，高考仅 2 人上二本线。2013 年，在校初中学生 1294 人（20 个班），高中学生 2583 人（40 个班），全校合计 3877 人。2013 年中考排名全县第一，438 人参考，700 分以上 24 人，600 分以上 185 人，平均分 576；高考，419 人参考，一本上线 34 人，二本以上上线 297 人。一路走来，我们经历了题海战术、应试教育、以高效课堂为载体的课改模式。全校师生、家长以亲身经历得出结论——以高效课堂为载体的课改模式是最适合我校发展的途径。现将我校实施高效课堂改革情况汇报如下，敬请行家批评指正。

一、高效课堂教学模式

1. 学案制作

我校高效课堂教学模式以学案导学作为教学载体，学案制作的质量在一定程度上决定课堂教学的质量。

学案制作分两步。第一步是学案编写：新学期开始前20天（寒暑假期间），负责初中教学的校"课改办"明确初中各年级学案制作的要求。初中部学科教研组组织各年级同学科教师讨论下学期教材、教学目标、重难点，提出教学建议。年级备课组分配备课任务，承担单元备课任务的教师在规定时间内（2周）按"课改办"规定备课并制作学案草案。新学期开学前5天为集体讨论时间，以备课组为单位，听取单元主备教师对教材的分析、教法的设计、学案选题的思路，新学期课程逐节过关，确定集体教案和学案付印。学案的编写要求从质和量上严格控制。质：所选预习部分题目能覆盖本节课知识点，能培养学生自主学习习惯，能保证学优生通过自学独立完成；所选当堂训练部分能够达到巩固知识点，梳理清楚知识脉络；课后巩固题有所提高，其中一个题能对学优生形成难度，激发他们克服困难的热情。量：学案中预习（自主学习）部分题目在5个题之内，保证学生在课堂15分钟内能够完成；当堂训练部分5个题，保证学生15分钟内完成；课后巩固部分5个题，保证中等学生30分钟内能完成。第二步是检查修订：正式教学后，每周安排半天作为学科组教研活动时间，以备课组为单位分析上周得失、分析下周学案是否需修改，备课组长签字后下周学案付印。周而复始，持之以恒。同时，要求除学案外，决不允许其他教辅资料在所有课堂教学环节中出现和使用，以此提高课堂教学效率，减轻学生课业负担。

2. 课堂教学

我校高效课堂教学严格以三个15分钟为分割（每个教室的墙上均挂有挂钟，以利于上课教师掌握时间），第一个15分钟教师导入新课后，明确教学目标，学生自主学习规定内容，完成学案。相邻两桌 4 人为一个学习小组，对自主学习中不能独立完成的问题，通过小组讨论和交流完成。在这 15 分钟内，教师巡视学生学习情况，收集小组讨论出现的问题，但不解答学生问题。第二个 15 分钟为教师讲解时间，教师根据集体备课要求，结合自主学习时学生提出的问题，完成教学内容，要求言简意赅，精确解答。第三个 15 分钟为当堂训练时间，学生独立完成 5 个题，对于小组内学困生不能完成的，组员相互帮助（主要由组长帮助），小组通过讨论仍不能解决的，教师在巡视中帮助解决。课后巩固作业，要求教师全批全改。这种模式我们理解为教师主导下的以学生为主体的教学方式，其中大部分时间是学生独立或集体完成，有利于培养学生自主学习习惯，同时教师有 30 分钟巡视学生学习状况，是否集中精力，是否小组讨论完成均可有效控制，保证规定时间内的高效。规定教师仅有 15 分钟讲授时间，要求任课教师对教材理解必须透彻，讲课必须精辟，避免满堂灌的现象。

3. 月考检测

"课改办"规定学案主备教师不能担任该部分内容月考出题老师，由同年级其他教师轮流出题。通过月考，检测该部分内容设计是否达到教学目标，学案设计是否达到预期效果等，有利于下月教学任务的修订和完成。

二、由高效课堂引起的学校管理改革

高效课堂教学如果仅仅作为课堂教学模式存在，不辅以相应的学校管理制度变革，是不能够完成、达到效果的，为保证这种模式的改革能够在我校实施和见效，我们对以下方面做出变革和调整。

1. 学生分班

我校也经历过在初中阶段根据小升初考试成绩分重点班和普通班的阶段，这种分班的弊病我不再陈述，不同学校、不同教师见仁见智。我校现在分班为七年级严格平均分班，由"课改办"根据学生性别、小升初考试成绩平均分班，要求做到平均分差距（语、数、英）在 0.5 分以内，要求男女学生比例必须均衡。七年级班主任抽签领取学生，班级明确后不允许学生在校内调班。这种分班模式在县内是很少的，个别家长因为不理解而要求孩子转学，我们的原则非常明确，再优秀的学生，宁可转学，也不同意校内转班，以此确保班级生源均衡，利于公正评价教师，激发教师工作积极性和主动性。

2. 学生德育量化评价制度

我们制定了尽可能详细的《学生德育量化评价制度》。所谓"班级管理量化评价"，就是将班级德育管理的内容量化为分值的一种班级管理方法。其鲜明特点是：（1）班级管理的内容量化为分值；（2）利于对学生的行为进行具体评价；（3）具有可对比性；（4）对学生的行为具有适时警示的作用；（5）使学生明确奋斗和努力的目标和方向；（6）利于对学生的德、智、体、美、劳诸方面进行综合评价。以此来最大限度地提高学生的综合素质，尽量减少因评价的片面性对学生上进心和积极性的挫伤。

每个学生的基本分为 100 分（理由是我们认为每个学生都是优秀生），在此基础上进行加减。有益的加不同分值，如教师表扬一次加 1 分，月考上升 1 名加 2 分，举手回答问题加 1 分，回答对了加 2 分，校内获奖 1 次加 10 分等；有害的减分，如迟到扣 1 分，作业没有完成扣 2 分，损坏公物扣 5 分，打架扣 10 分等。加分到 150 分由班级给予不同形式的奖励，并作为评选"三好学生"的条件之一，扣分到 60 分教师约谈家长。并且明确全班每个同学在班级管理中应尽的职责，做到"人人有事做，事事有人管，人人有分加，天天有进步"。这种方式对激发学生自主学习，积极思考，勇于探究有很好的促进作用，同时也有利于养成学生良好的行为习惯，教师评价学生也有根有据，不会激起这个年龄段学生十分敏感的叛逆心理。

3. 教师评价制度

第一，改变过去单凭学生成绩评价教师的制度。我们评价教师的首要条件为：他是否按高效课堂模式实施教学。不按这种模式实施教学的教师，无论曾经如何辉煌，名气怎么大，都必须离开教学岗位，以此保证课改工作的顺利推进。我校就有一位曾经长期上重点班的高级教师因此而调离教学岗位。

第二，变个体评价为集体评价。我们实行年级学科集体达标评价制度，学校根据学生成绩对年级部学科组做出评价。学科教师教学是否达标不看其任课班级，而是全年级该学科及格率、优分率、平均分是否达标，倘若学科组未能达标，个体如何优秀均不算达标。以此来促进集体备课、学案制作和教师间无私交流，共同提高、共同进步。

4. 听课制度

为达到监督和相互学习的目的，我校制定了严格的听课制度，听课表格由"课改办"设计制作。听课由几部分组成：①教学公开月活动。每年的5月和11月为教学公开月活动时间。在这个月中，教师、行政领导、兄弟学校领导及教师、学生家长均可随时到校听任何一位教师的课，使教学公开化、透明化，以提高教师的使命感和紧迫感。②学校行政听课：规定学校行政领导每周必须听一节以上的课，以督查任课教师是否按规定模式上课，这种监督性听课不要求交换意见，避免教师唯领导视听而产生学术歧义。③与学科教师观摩学习性听课：由学科组组织，有针对性听课，课后说课、评课、交流学习。④课时不足教师听课：无论任何原因导致的课时量不足，本周内用听课时数补齐。通过大量听课，达到监督、促进学习和共同提高的目的。

三、取得的成绩和感悟

1. 我校自2010年起在初中三个年级进行高效课堂模式改革，现将近几年中考成绩列表如下。

年度	平均分		700分以上		600—699分		全县前10名	全县前100名
	全县	二中	全县	二中	全县	二中	二中	二中
2010	360	480	16	6	296	78	4	42
2011	374	488	5	1	336	95	5	37
2012	376	539	42	26	460	107	6	46
2013	410	576	31	24	588	161	9	50

尽管我校从2008年起，中考一直稳居全县第一，但存在两方面遗憾：一是平均分和报考率不高。因为相当部分学困生在原来的教学模式中厌学甚至辍学。二是和兄弟学校差距拉得不够大，每年中考都要担心被超越。自2010年全面实施高效课堂改革以来，因厌学和学困而辍学学生逐年减少，报考率自2011年后一直保持在90%以上，平均分上升幅度也很喜人。学优生从中考成绩上显示在学业压力减轻的同时分数上升较大，也因此得到学生和家长的支持。与兄弟学校自2012年拉开差距后，每年中考九年级教师不再忧心。可以说，我校找到了一条集激发学生学习兴趣、培养学生良好习惯、减轻学生学业负担、提高学生考试成绩于一体的合理途径和有效模式。

2. 我校建有毕业生反馈机制

从我校初中毕业到高中就读学生均要求与新任班主任建立联系，通过分析高中班主任反馈情况得知，2012届、2013届学生在示范性高中能够很快融入高中生活，在初中已初步培养起来的自学能力、学习的主动性和积极性以及良好的学习习惯，在高中学习阶段显得更为轻松、突出。由此可见，高效课堂模式改革在提高学生成绩和培养学习能力上能够达到高度统一，具有可持续性。

3. 感悟

三年的课改之路尽管有些坎坷，但总算形成，三年中有些感悟：

①课程改革对学校而言是件大事、难事，必须是校长亲自抓、亲自督促，并

且要深入课堂，如果校长没有想好或者是把这项工作安排给副校长或其他领导，推进难度太大且容易走形。

②课改不单是课堂教学的改革，而是学校整体管理的改革，没有完善的配套措施，达不到应有的效果。

③校长在课改中要善于学习、善于倾听、善于分析，要担得起风险，下得了手，只有借助强力支撑才能完成。

欠发达环境下课堂改革需要克服的几个误区

王友波

中小学课程和课堂的改革自 21 世纪初启动以来，经过十多年的时间，在全国绝大多数中小学都引起基础教育的变化，涌现出如洋思中学、杜郎口中学、闸北八中这些代表不同探索的名校，尽管褒贬不一，但对西部欠发达地区的中小学校长，特别是对基础教育有不同看法、理解的校长，找到了一条"取经之路"。在或长或短、人多人少的参观之后，回校或轰轰烈烈，或试点推进对课堂教学模式、国家课程实行改革。

在这场改革中，教师、家长、学生、赞扬者、批评者、冷眼旁观者各执一词，争论不休。但十年过后细看，成功由弱校经由课改变为强校的寥寥无几，教师的抱怨声却增多不少，许多人甚至发出"教了几十年，越来越不会教书了"的声音，这样的困惑在笔者看来，欠发达地区，特别是农村中小学，在这轮课改中有几个误区需要克服：

一、目标不明确

学校校长、教师在主动或被动进行课程改革时，目标不明确。有的认为应该是减轻学生负担；有的认为是提高考试成绩；有的认为是改变课堂教学模式，少讲甚至不讲……在培训中因为培训者大多不是来自于教学第一线，纯理论的培训使受训的一线教师要么不明白，要么抵触。正因为目标的不明确，致使实施过程得不到学生家长教师的认可。其实在《基础教育课程改革纲要》（2001年6月）对本轮改革的目标已经明确了六项：

1.改变课程过于注重知识的倾向，强调形成积极主动的学习态度，使获得基础教育知识与基本技能的过程同时成为学习和形成正确价值观的过程。

2.改革课程结构过于强调学科本位，科目过多和缺乏整合的现状，整体设置九年一贯的课程门类和课时比例，设置综合课程，适应不同地区和学生发展的需求，体现课程结构的均衡性、综合性和选择性。

3.改革课程内容繁、难、偏、旧和过于注重书本知识的现状。加强课程内容与学生、与现代社会科技发展的联系，关注学生的学习兴趣和经验，精选终身学习必备的基础知识和技能。

4.改变课程实施过于强调接受学习，死记硬背、机械训练的现状，倡导学生主动参与，乐于探究勤于动手，培养学生收集和处理信息的能力，获取新知识的能力，分析和解决问题的能力以及交流与合作的能力。

5.改变课程评价过于强调甄别与选拔功能，发挥评价促进学生发展，教师提高和改进教学实践的能力。

6.改变课程管理过于集中的状况，实行国家、地方、学校三级课程管理，增强课程对地方、学校即学生的适应性。

由这六项目标可以看出，实现目标有三个层面：课标撰写，教材编写和课堂教学。课堂教学改革的方向是：改变过于注重知识传授的倾向，形成积极主动的学习态度；改变课程实施过程中过于强调接受学习，死记硬背、机械训练的现状；养成学生主动参与，乐于探究、勤于动手的能力。培养学生收集和处理信息的能力，获取新知识的能力，分析、理解问题的能力和交流与合作的能力。而教师教学形态的变化和学生小组学习的方式的盛行基本上都是基于这个改革方向。作为校长、教师、学生家长判断是否在进行课程改革，就看这个目标是否在学校的教育教学活动中得到凸显，观摩和评价课程教学也要基于这个目标的实现与否。而不是看是否使用了新的教学辅助设备、眼花缭乱的教学设计或肢体语言。由这目标，欠发达地区在进行课堂教学方式转化中也完全可以实现基础教育改革的目标。所以借口地区落后、学校条件差、学生基础差等不进行改革，究其原因是校长和教师面对发展的基础教育不愿作为、不敢作为的失职。

二、课堂教学模式化

许多学校为了便于检查，借鉴或设计流程式模块化课堂教学。例如："15：15：15"（预习15分钟，教师讲授15分钟，小组合作15分钟），山东昌乐二中的"2：7：1"（课堂45分钟按时间分为2：7：1的比例，要求教师讲课时间不大于20%；学生自主学习时间占70%；剩余的10%时间用于成果测评）。还有基于导学案的模式。不可否认，任何一种模式都有存在的理由并取得了一定的效果，在规范教师教学行为，某个学科科学学习等方面有明显的作用。但欠发达地区由于校长、教师在信息获取中处于劣势，教育行政部门在教师培训中的不作为或不知怎么作为，容易形成模式固定化，教师不会因为教学内容、学生情况、学科特点发生变化而变化课堂模式。或者是观摩课、检查课用固定模式，其他则用自己熟悉的课堂模式。当这种形式主义探索一段时间后看不到学生成绩的提升进而否定课改的积极作用，或者课后用大量练习提升学生分数的认为是课改的成绩。

欠发达地区在推进课堂模式变革中需要注意：

1. 加强培训，特别是课改目标的培训。使教师领悟到课改不是简单地进行课改模式变化，而是培养人的目标和方式发生变化，要改变"课改是为了好的考分"这种简单的认识。

2. 充分发挥教师的积极性，根据当地、本校学生在接受知识、培养能力中的特殊性和不同学科特点，同一学科不同内容设计不同的课堂模式，要清楚任何一种成功的课改模式对本校而言都只是起到借鉴作用而不能生搬硬套，只有把教师积极性发动起来，课程改革才能真正动起来。

3.个别村级学校因为教师年龄大，长期缺乏培训，不要因为统一而强制推行，最终造成"四不像"，只要其合格完成传授知识任务即可。

4.模式不是一成不变的，当一种模式推行一段时间（一般三年），教师形成教学习惯后，检查和指导的重点不要停留在模式上，更进一步地深入到培养学生的能力，养成学生的习惯，保留学生的兴趣上，基于这个目标进而有针对性地开发校本课程，丰富学生的学习与生活。

三、小组合作探究学习

新课程的教学改革在课程教学环节与老旧的课堂教学有一个明显的差别，就是新课改在课堂中强调小组合作学习。其目的是落实课改六项目标的"倡导学生主动参与、乐于探究勤于动手，培养学生分析和解决问题的能力以及交流与合作的能力"。在课堂中经常表现为相邻两组四桌八个同学在这个环节实施时相对而坐，面对面交流，或者是在学生座位安排时保持四人或八人相向而坐，教师在讲课时大部分时间不在讲台上，教学设计中教师把能培养学生合作交流、探究能力的教学内容通过精妙的设计，在有组织的情况下交由学生交流或动手完成。长期坚持，对学生表达能力、交流能力和合作协作能力的培养有效。但欠发达地区，特别是农村中小学在实施过程中非常容易因为困难而流于形式。

1.教师方面：教师由于个人能力原因，不能准确选择小组合作探究的课程内容，不能科学设置问题，导致学生闲聊浪费有限时间，要么因问题难度太大陷入"冷场"；教师忽视学科特点，千篇一律地设置这个环节，导致部分应精讲形成的逻辑关系因合作探究环节而肢解。这种情况在农村学校（学生少，同年级、同学科教师少）表现得更为突出。

2.学生方面：欠发达地区，特别是农村学生，因为父母受教育程度不高或因父母外出打工由祖父母隔代抚养，客观上形成交流表达能力较弱，学习习惯没有养成，小学低年级因农村村级小学教师老龄化和知识、技能的退化，基本属于"满堂灌"的教学模式下，导致学生在课堂上没有表达和表现的内心欲望；能力上欠缺言语表达，动手能力较差，注定小组合作学习模式在开始之初非常困难。

现在大部分进行课堂教学改革的学校大多数采用导学案模式，导学案集教师备课、教学设计和学生训练于一体，要解决小组合作学习中存在的问题，应当从导学案入手。导学案应该是或至少是同年级同学科教师智慧的结晶，从课标的学习、教材的分析，本校学生学情的掌握与分析到教学设计，小组合作学习问题的提出和解决途径，以及教学的反思。如果没有全体教师的参与，发挥集体智慧的力量。单凭出版社的或是在网上下载的教案，对教学特别是小组合作学习的施行是不现实的。

小组合作学习的形式是保证达到培养能力目标的关键，面对欠发达地区学生的实际情况，需要教师在精妙的设计下坚持。不光是一个老师或者一个年级，一个学校教师的坚持，而是全体教师的坚持。只有这样，基础教育的九年才能真正实现培养学生分析和解决问题的能力以及交流与合作的能力。

小组合作学习，教师在进行教学设计时还要注意学科特点，知识内部逻辑的关系，学生借助非课堂力量获取新知识等。有针对性地设计这一环节，使其既达到交流与合作而又紧紧围绕问题锻炼学生的目的；同时兼顾学优生和学困生，使其享有同等的话语权，达到共同进步。

四、信息技术运用

随着"义务教育均衡发展"工作的实施，西部各县市加大对学校的投入，中小学基础教育实现了互联网接入校园并按标准配置了以计算机为代表的信息技术教育的基础设备，具备进行信息教育的最基本条件。

在欠发达地区基础教育信息化技术的运用。有以下几个误区和困难。

1. 师资

中小学信息技术教师，大多为近几年师范院校的该专业毕业生。这部分学生在校期间大多将精力集中在专业上，对教育学、心理学等公共课着力较少，到学校工作的大多承担计算机普及工作，因为不是考试科目，虽然学生喜欢但大多数较为松懈，不能将此课程与"培养学生收集和处理信息的能力，获取新知识的能力"这一课改目标相衔接。因为不是参考科目，教学成果量化难度大，进而影响评职加薪，部分专业教师在学校中易沦为辅导人员。

参考科目的教师对信息技术的理解和运用停留在课件制作，使用上更多着眼于教学辅助。教师本身借助互联网汲取新知识的能力弱，更难在学科教学中培养学生充分利用互联网收集和处理信息、获取新知识的能力。更有甚者，个别教师把学生从互联网上获取学科知识视作对教师权威的冲击而加以制止。

2. 设备与技术

义务教育均衡发展验收指标为"每100人拥有计算机6台以上"。校互联网投入按此门槛标准，中心镇以上学校因地域优势和学生人数较多，基本可以实现互联网学习、收集新知识，但村级小学因为网速和计算机少，而处于应付检查的状态。即使按班级数配备"班班通"教学设备，除个别教师使用U盘偶尔使用课件外，大多处于闲置状态，造成资源的浪费。更严重的是同龄学生因地域、条件的差异，导致成长的素质差异。

3. 意识

在教学与课程改革中，信息技术运用要改变的最主要是学校管理者和教师意识，只有观念改变了，信息技术才会发挥不可比拟的作用。

①改变"设备怕用坏了"的意识：个别校长认为信息技术设备很值钱，怕学生用坏了造成损失，很多第一次配备的设备就是在这种观念中闲置直到变成废品。信息技术发展一日千里，其设备也日新月异，在其使用周期内鼓励教师、学生使用，使其发挥最大作用，应该成为学校管理者和教师的共识。欠发达地区学生特有的眼界狭窄，与时代前沿脱节，唯有依赖这一技术得到弥补。

②充分认识借助互联网是培养学生收集处理信息的能力，获取新知识的能力，学生终身学习习惯养成的重要手段。信息技术课程培养学生获取知识的基本手段

与能力不容忽视，各学科教师在课堂教学中要有意识地培养学生这方面的能力，包括课程辅导与寻找问题的答案，了解世界和学科前沿，进而激发学生兴趣。

③把限制学生上网变为创造条件让学生上网的意识。寄宿制中小学因为学生沉溺网瘾等负面效应，继而把限制学生上网（包括禁止使用智能化手机）作为学校管理的大事。青少年正处于好奇心最强、了解世界最迫切的年龄，也是求知欲最盛、养成教育最佳的年龄，人为地禁止带来的是无规则的触碰，学校应利用技术屏蔽对其成长有害的内容，在规定时间开放电脑教室和网络，不能因有困难或增加教师工作负担而"一禁了之"。

④信息技术是改变"以师为主"的观念向"以生为主"观念的重要推动力量。在传统教学中，教师凭借年龄和知识积累优势，轻而易举地成为课堂的中心。但新课程从培养学生角度出发，要求"以学生为中心"。信息技术在教学中的运用，使学生获取新知识、了解世界的能力与教师趋于平等，甚至超过部分教师。在这种形态下，对教师的角色转变是一种推动，我们应鼓励这种转变的发生并促进其发展。

五、地方校本课程设置，教学目标设定和能力培养间的割裂

在欠发达地区，有两种观念盛行：一是教师普遍认为发达地区学生学习轻松，教师教学水平不高，高考录取是得益于录取名额的惠顾。而欠发达地区学生学习刻苦，只要能进入好大学便会轻易超过他们。二是地方和校本课程大多围绕民族的、传统的(诸如传统文化讲习等)，很少设置了解世界、了解学科前沿的信息课程。

但现实告诉我们，发达地区学生的学业负担并不轻松，课程难度基本相当，只是学生完成统一考试科目的学习时间少于欠发达地区。但他们在校内外获得的演讲能力、交流能力、探究能力、服务社会的意识与能力更多，所花的时间和精力也更多。升入同一大学的两个地区的学生差异仍然很大，在学习新知识，主动参与，乐于探究，勤于动手等方面的能力差异明显。在教育部基础教育监测中，

欠发达地区"教师效能"（在同一学科上教师所用课时与学生取得成绩之比）远低于发达地区。且呈现越边远越差的趋势。

在地方和校本课程开发与运用上的差异（见"对照表"），导致学生目标设置、能力培养、可塑性上差距明显，在欠发达地区地方和校本课程设置和教材编写中应考虑前沿性、前瞻性，才能培养学生广阔的视野和对科学、兴趣爱好的持续。

地方和校本课程开发与运用差异对照表

地方课程	《国际象棋课程》 《未来以来、唯变不变》科研年会	《好花红》地方课程介绍其区域风情、民族风俗
校本课程	《声乐课程》 《交际英语口语》 《学生微电影》 《流动美术馆进校园》之走进梵高 《定向运动》 《书香雅趣》华四电子阅读 《校馆合作》华四与市博馆项目	《传统文化赏析》 《芦笙舞》 《枫香染》 《家庭电器电路初步》

基础教育课程和教学改革，自2001年6月全国基础教育工作会上印发《基础教育改革纲要》始，已过十八年，在这十八年中，尽管方法、路径因地域、历史原因有所不同，但按《纲要》进行的教材评价乃至课堂教学理念均取得进步。从取得的效果来看，发达地区明显优于欠发达地区。我们身处欠发达地区，如果再不痛定思痛，拿出改革的决心和勇气，从最基层做起，从最基本做起，这种差距将会越来越大，给学生在养成教育阶段造成的缺憾将会打上终身的烙印。

立足本职，坚守初心，助力脱贫攻坚

王友波

自党的十八大闭幕之后，向贫困发起总攻的行动便在黔中大地拉开序幕。近三年来，攻势如火如荼，针对贫困的最艰难最后堡垒——建档立卡贫困户、深度贫困村，各种资金、各项措施、各级干部聚焦，通村路、通组路、串寨路，自来水到村到户到缸，易地搬迁、房屋改造、厕所革命……在这场伟大的战役中，教育的作用是什么？校长的责任和使命是什么？

开始之初，学校校长和教师漫无目的地投身到这场运动，走村入户、甄别鉴定，我们似乎代替了村组干部的工作；访贫问苦、送米送面，我们变身民政干部；为脱贫献计献策，设计、规划脱贫路径，我们俨然成为农村农业专家……教育队伍人多势众，但行动过后蓦然回首，却发现我们什么都做了，却又像什么都没做；我们努力了，但似乎没什么效果。

在这场新中国向贫困发起总攻的行动中，作为教师，我们该做什么？作为校长，我们能做什么？成为我在乡村的田间地头里、农户低矮破旧的檐下、贫困户紧锁的眉宇中思考得最多的问题。

一、贫困的根源是什么

面对这一简单的问题，不同的人站在不同的角度会给出不同的回答：因为身处喀斯特典型地貌区，缺水且交通不便，一方水土已经养不活一方人；因为家有病人；因为子女读书；因为没有劳动力；因为思想不开放；因为懒惰……但我们发现，即使同处一个山村，中间仍有一部分人生活水平明显高于同村人，同是外出打工，有人带富了一家人，有人却陷入借路费外出，几个月回来还路费，然后又借路费外出的怪圈中；面对特惠贷，有人毫不犹豫地签字，每年领取3000元的利息，有人则担心受骗，在犹豫中，失去了机会。究其本质，贫困的根本原因是人，绝大多数人的智商是相近的，产生差异的原因是教育，不是我们狭义的学校教育，而是基于家庭、周围环境影响、学校教育共同影响下的大教育，在这种教育环境下对人的作用和影响形成的差距，导致一部分人在面对困难的环境、生活的挫折时，束手无策，无改变之心、无改变之策，安于忍受。从这个角度切入，我们便可以明确，决定贫困与否的根本原因是人，而这个根本原因起决定作用的是教育，教育不能够改变当前贫困的现状，但能够成为阻断贫困代际传承的利器。鉴于此，我认为立足本职岗位发挥教育作用，是教育者在这场行动中的精准站位。

二、脱贫攻坚中校长的作为与站位

（一）认清教育与贫困之间的关系

人的能力贫困是导致贫困的重要根源之一，因教育导致的贫困以低受教育率、能力低下、辍学率高为主要表现。久而久之导致教育排斥穷人等严重后果，这些都证实了教育贫困是导致收入贫困的最大源泉之一，而收入贫困反过来加剧教育贫困。教育作为改善工具的重要手段，通过传授知识与相应生存技能，从而提高人口受教育水平，达到降低贫困人口比例的目的。目前，我国贫困发生率最高的群体主要是农村的文盲、半文盲群体。这类家庭更容易产生教育贫困，对教育投资投入的匮乏导致了恶性循环，因此这类家庭收入与能力贫困几乎是常态，反之在受过良好教育的家庭中，贫困现象极为罕见，尤其是同样的家庭，在是否接受教育之后贫困发生率有着较大的差距。

（二）学校教育中需要注意的几点

1. 要办有质量的教育

教育作为传授知识、培养人生存能力的作用在阻断贫困代际传承过程中非常明显，但前提是有质量的教育，在西部落后的贫困地区，教育的遴选作用仍相当明显，特别是边远落后的民族地区，因为师资，因为现代教育理念、现代信息技术的相对薄弱与滞后，义务教育阶段招来的学生，在通过几次考试为基本形式的遴选中处于弱势地位，从而在受教育的时间与质量上处于低端，导致在生存中处于低层，陷入"因教反贫、因贫辍学"的怪圈中。这在 2015 年教育部质量监测数据中表现得非常明显。例如，八年级数学测试，贵州在受测试省份中排在最后的几位，而排位最低的是县份上边远的九年制学校，测试成绩达不到全国平均值的一半。这种成绩即使高中能毕业，通过高考录取也是属于低层的三本院校，其高昂的学费又给贫困家庭雪上加霜……因此，有质量的教育，是学校在脱贫攻坚中的首要任务。

2. 要办公平的教育

县域范围内公平的教育，国家用义务教育均衡发展评估验收来完成，分别从入学机会、保障机制、教师队伍、质量与管理四个方面 17 项指标进行保障，经过义务教育均衡发展工作的推进，再通过城乡义务教育一体化发展，基本可以实现县域内适龄儿童少年入学的均衡，但作为学校，许多隐蔽的不均衡是导致贫困家庭子女学不好、因厌辍学的主要原因。例如，部分县城中学划分的城市班与农村班，违法国家规定设置的重点班、普通班、学困班，强调优秀率，借口因材施教，在师资设备等方面的差异化设置，直接导致贫困家庭的子女被集中无意识地忽视。他们在家庭、环境、社会中因家庭收入低而养成的行为习惯不佳，个人卫生不讲究，主动学习积极性不够，基础较差，胆怯等表现容易使其成为学生群体中的弱势群体，致使其在学校学习过程中容易厌学而辍学。即使完成义务教育的学习，也很难因受教育而具备优秀的素质，进而致富其家庭。因此，国家在保障贫困家庭子女受教育机会均等的同时，学校更应该给其平等的受教育机会，严格按规定平均分班，同时通过额外的努力，使他们在心理、生理成长过程中与其他家庭子女基本无差距，从而实现教育在扶贫攻坚中阻断贫困代际传承的无可替代的作用。

（三）基层校长要找准自己的站位

1. 坚守教育初心，不因外物变幻而迷失自我

社会变化的节奏越来越快，许多年轻校长任职之初雄心勃勃、意气风发，但在纷繁变幻的万物影响下，逐渐迷失，渐渐成为上级教育行政部门的传声筒，按上级文件、会议精神、领导讲话来办学，特别是边远少数民族地区的校长，面对岗位变换快、教师流动大、学生辍学压力大、教育学生人数少但上级交办事务多的现状，最容易忘却教育的初心与责任，忘记教育影响人、培养人进而影响社会的最主要作用。作为校长，在面对众多的信息刺激、节奏加快的社会发展，更应该坚守传授知识、培养能力、培养人才的淡定与从容。

2. 发挥校长工作室的辐射与引领作用

作为省级名校长，在所任教的地区应该是有一定影响力的，在工作的县域内主持的学校，大多是名校或优质学校，对其他学校的辐射影响作用比较明显。基于名校长而建设的名校长工作室，聚集了多则十多个、少则七八个学校的校长。在全国向贫困发起总攻的形势下，我们不能偏安一隅，躲进自己的桃花源中，目标仅限于打造自己的名校梦，而应该充分发挥示范带头作用，为学校教育让贫困家庭子女在学校里享受优质、均衡的教育做出表率，进而影响一个区域的教育发展。我们可以在学校管理机制、贫困生机会保障、骨干教师交流、薄弱学校教师培训、城乡学生交流等方面有所作为。也可以就贫困家庭学生心理、生理、学习习惯等方面展开课题研讨，在这一场向贫困发起的总攻中发挥出教育专有的、仅校长能起的作用。

教育是一种向内的过程

王友波

从十七岁的青葱少年走上讲台，到如今两鬓斑白，已经走过三十年的教师生涯，辗转了五所学校：少数民族聚居的村小、落后乡（镇）的戴帽中学、大型乡（镇）的独立完中，还有教育局机关，小学语文、数学教师，初中语文、政治课还兼班主任，学校里的职位除出纳、会计没干过外，初中、县城大部分都经历了，其间还阴差阳错地做过三年管后勤的副局长，中途也曾有机会换跑道却机缘巧合地没有离开教育这个行业，离开学校。时至中年，回眸凝思，内心深处怕是有了某种情结，对学校、对这个行业的情结。

教育情结，这个念头一闪过便不由自主地思索，从什么时候，从哪里开始？梳理下来，怕是源于我的姑父吧，我的姑父1950年考上贵州大学，上完大学一年级却因地主子女的身份辍学，一直在学校做了四十三年的老师，他的一生也有过那么几次机会改行，却安心做了一辈子的老师，从十七岁入行到九十多岁离世，一生都住在学校里教书。

我幼时家贫，弟妹较多，父亲虽天资聪颖却是周边最大地主的子女，虽考上县城中学却无缘初中，20世纪70年代我与寨中同龄兄弟每日在村上小学跟随略通文字的民办教师叔伯读书，所以至今仍对汉语拼音弄不明白，面前永远摆一本新华字典，全靠它弄清字的读音。比这些兄弟幸运的是80年代落实知识分子政策，县里重新重视学校教学质量，大批如我姑父一般受过良好教育却因家庭成分不好的教师，被抽调回县城任教，父亲和姑母商量后让我随姑母一家到县城二小读书，我常常想，如果不是这次机会，我可能会像寨上同龄的兄弟一样，已经当上爷爷，但却目光呆滞、表情木然……

一、理念诠释

向内的教育：中国传统教育和西方教育的起点是不一样的，西方教育的起点是自然，所以早期的西方教育家首先是自然科学家，而中国传统教育的起始点是人的教育，是由外向内培养人，内化于人，所以中国早期的教育家是哲学家，如孔子、孟子。

向内的教育有两层含义，第一重内涵：学校教育向内涵发展，面对喧嚣的社会，教育也变得急切和功利，"三年创一所名校""培养跨世纪的领军人才"等，大学在说，中学在说，就连村级小学也张贴在围墙上。在求快、求大的心理影响下，学校本身不关注内涵，不关注教育教学本身，不注重课堂，不注重课程的现象比比皆是。而向内的教育，就是要学校在喧嚣繁杂、高歌猛进的时代慢下来、静下来。遵从教育规律，遵从成长的规律，注重在日积月累中培养人。"十年树木、百年树人"，教育，快不得。

第二重内涵：就受教育个体而言，教育是一个向内的过程，是教师用个人修养，用课程设置，用同伴互助影响，用学校所营造的氛围，甚至还包括家庭教育、社会影响由外而内去影响、去塑造，使学生内心形成完美人格，进而完成由自然人到社会人的过程。这是一个严谨的过程，也是一个缓慢的水滴石穿的过程。

培养目标：培养斯文、理智、文明、平和的普通人。

斯文：是指有涵养、有礼貌、有教养，既优雅又懂得尊重人的意思，斯文是一种生活标准，来源于传统，继而落实到生活。唐韩愈《故江南两道观察史中大夫洪州刺史王公神道碑铭》中有"生人之治，本乎斯文"。斯文，是一种生活标准，它来源于传承，培养于学校与家庭，继而落实为生活。

理智：指个体在认知环节中体现出来的长期心理状态，具备很深的逻辑思维能力和社会道德感，一个人用以认知、理解、思考和决断的能力。

文明：最早出自《易经》"见龙在田，天下文明"，它指一种社会进步的状态，与"野蛮"一词相对立。

平和：指宁静、温和、不偏激。《礼记·乐记》中"感条畅之气而灭平和之德，是君子贱之也"。

现在学校动辄培养跨世纪的人才，引领行业的精英，新世纪的领袖……试问共和国成立近七十年，中国数以万计的中小学，培养了几个诺贝尔获奖者、几个领袖、几个新世纪的引领者……我们一直在倡导、在努力，不外乎"求其上、得其中"，以高大上的目标引领学生而已，而构成社会数量最多、影响社会稳定、体现社会进步的是普通人，如果通过把绝大多数的受教育者培养成斯文、理智、文明、平和的普通人，社会大同的目标就实现了。而领袖、精英不过是广阔的麦田中那几株因个体差异、阳光、养分等因缘聚合而生长出来的硕大麦穗，如果满眼只见那几株麦穗而放弃广袤的麦田，将是悲剧的开始。

二、实践与认知

（一）斯文起源于规矩

斯文是一种生活标准，来源于传统，落实为生活。

我所生活和服务的地方——贵州省黔南布依族苗族自治州惠水县，是处于中国西部落后省份一个少数民族占比超过 55%，人口数量 45 万人的县，世代聚居着布依族、苗族、毛南族等少数民族，这里有着朴素而粗犷的民族元素，苗族同胞居住在大山深处，布依族居住在小坝子、溪河畔，外界的宣传给人的感觉是少数民族粗犷，但极为淳朴、野蛮却遵循民族相传的礼貌。但现实非常残酷，经济大潮席卷下的中国大地，传统文明在经历了外来的冲击（外来文化、外来糟粕）后，剩下的更苍凉。有的村寨 70% 以上的青壮年外出打工，大量的儿童少年或由祖父母隔代抚养，或交由亲戚代管，或寄居在寄宿制学校里，经受着打工归来者带回的粗鲁、经历电视（早期）、互联网带来的暴力，非主流文化的浸润，传统礼仪的断代，甚至家教因家庭教育的消失而形成的缺失。进入学校的不再是未经启蒙的璞玉，而是已被野蛮和粗鲁浸泡的顽石。这种状态下，最为紧迫的需要便是严格规矩教育下纠正的习惯。于是，惠水二中便有了与其他学校不同的复杂规矩——《惠水二中学生日常管理办法》《惠水二中学生课堂行为规范》《惠水二中住校生管理规定》等。

繁多的规矩开始时让人不习惯，不适应的不光是学生，老师也是非常不习惯，因为教师作为监督者、示范者和惩戒者，同样被这些规矩束缚而感觉到不自在，但经历一两个学期后，我们欣喜地看到学生由野蛮向文明、由粗鲁到斯文的变化，慢慢体会到从惠水二中毕业出去的学生以与众不同目标的实现而欣喜，学生因这种强制的规矩教育而养成斯文后，惠水二中成就的不光是学业的未来，更是生活的未来。教育是一种生活，是师生共同营造的一种生活，教育是学生、老师的成长模式，是老师和学生共同营造的一种成长氛围和成长方式，所谓的教学相长，不仅仅是老师的教学方法在长，能力在长，更重要的是教师的生命在与学生的互动中得以提升和生长。

（二）教育教学要求严谨

"教育在本质上是面向未来的事业，是为明天的社会准备人才的社会活动，然而在实践中，教育又是立足于昨天的活动，课程是昨天知识的积累，教材是昨天知识的载体，它们按照人类昨天的知识的内在逻辑组织着学生今天的活动；教师拥有的是昨天的知识，在课堂中传授昨天的知识。"（陈玉琨《基础教育再认识》）我们今天基于昨天知识所做的努力是否能培养出明天的人才或者是收效甚多的劳动，所以我认为，教育教学必须是严谨的，不能因为学生掌握知识少而随意浪费他们的生命。

1. 学生进校分班的严谨

惠水二中初一新生招收1000人，学生来源有四个部分：片区内农村小学毕业生（约占35%）；县城自愿填报录取小学毕业生（约占40%）；外县、外乡（镇）达到二中录取要求的农村学生（约占15%）；县城其他原因小学毕业生（约占10%）。学生来源复杂（毕业学校和家庭情况）；学情基础复杂（有小学毕业检测全县前10名学生，也有三科（语、数、英）总分不足60分的学生）；兴趣爱好差异大（有县城小学毕业生毕业时拿到三个专业证书的，也有小学六年级没上过一节音乐课的），面对这样的学生实际，我们坚持严谨的平均分班法，所有学生进入学校，按照是否需要住校分成两个系列：住校生班和走读生班，经过一次认真的入学检测，按得分高低分成住校生男；住校生女；走读生男；走读生女。按位次平均分成住校生10个班和走读生10个班，小学同班毕业学生尽量初中不同班。保证三个平均：每个班男生数和女生数平均；入学检测班级平均分接近在0.3以内，每班兴趣爱好的种类，基于学生数的平均。这样使各班既有学优生、学困生，又有中等生，都有特长生，这样既利于学习小组的创建，也利于学生体会到经过努力进步的喜悦。

2. 教师搭班任课的严谨

惠水二中经历高中撤并、初中扩招的过程，高中教师合并到惠水民族中学，初中由原来的每个年级7个班扩大到20个班，所缺教师大部分从乡镇中学调入，调入教师受家长信任度低，个别教师教学能力较弱，面对这样的情况，我们采取了老带新（即老二中教师搭配新进教师，中老年教师搭配年轻教师），有名配无名（在家长心目中有名气的搭配刚进二中没有名气的教师），双班主任制（年轻教师担任班主任，承担更多工作，中老年教师担任副班主任，负责传、帮、带，为年轻人稳军心、出主意），学科强弱搭配（语文教师教学能力强，比其他两科要稍优一些），生活习惯好的教师优先分配到住校生班的搭配任课做法。

3. 学生学习小组建设的严谨

针对惠水二中学生实际，每个班中均有学优生、学困生和中等生，在组建学习小组时，我们要求每个学生小组中有2个学优生、3个中等生和1个学困生，两个学优生中优势学科不能重叠，每个小组中做到男、女搭配，模范遵守纪律学生与遵守欠佳的学生搭配。这样小组的建设，有利于学优生影响中等生，帮助学困生；有利于在讨论学习中有人引领，引领者体会到喜悦，学困者有近距离榜样。

4. 备课的严谨

惠水二中实行年级同学科集体备课制，流程如下：假期开始时备课组长召集本年级同学科教师用2天14节课时间集体讨论下学期的课标，明晰各章节知识点、难点、重点，以及课标要求。分配备课任务——假期教师完成备课任务（备课标要求，知识点，设计教法，制作上课用学案）——开学前两周集体说课（由主备教师说课标、说教材、说教法、说学案、说作业、说选题理由），同学科教师讨论定稿——每周半天教研活动时间反思上周教学中教案、学案设计不足之处，提出整改意见和措施并及时处理，讨论下周教学学案，根据学情进行调整。

5. 课堂教学的严谨

惠水二中的课堂教学，是以学案导学为主线，小组学习为载体的教学模式，时间上体现为"3个15分钟"，老师遵循"三不讲"原则，学生作业设计原则为"强基础、密阶梯、明要求的""6·3·1"模式。

学案导学为主线：经过集体分课、逐课讨论确定下来的学案（包含：学习目标、情感目标、能力培养、重难点、自主预习、教师讲解、课堂训练与检测几个部分）。学案既是教师教案，又是学生学科学习的载体，以每节课为单位单页印刷。

小组学习：在每节课中自主预习、学生讨论、学习成果展示三个环节都由小组合作完成。

3个15分钟即学生根据学案要求15分钟完成自主预习学习，小组讨论完成预习作业；教师根据学情确定难点，重点地讲解15分钟；学生用15分钟完成当堂训练，其中包含学优生对学困生的辅导。

教师"三不讲"原则：学生能够自学弄懂的教师不讲；学生通过小组合作学习、学优生辅导弄懂的教师不讲；学生通过学习没有提出质疑的教师不讲（重新设计教法）。

学生作业"6·3·1"原则："6"是基础，即本节课60%的作业必须围绕基础知识，基本技能设计；"3"是密阶梯的提高，即30%的作业要有小步快走的提高，保证中等生经过努力能够完成；"1"是针对小组学习合作中的两个学优生，即10%的作业要求学优生经过努力能够完成。

6. 组织测试和分析的严谨

由学校组织的测试主要是每个学期三次的月考和不同学科组织的阶段性检测：

①检测计划：学期开始前的集体备课阶段，制订一学期的月考计划，月考计划包含时间、出题人、课标要求、必须覆盖的知识点和基本能力培养测试，题量、难度、每次月考明确两位教师出题，讨论后备课组长确定测试试卷。

②检测试卷出题原则：必须同时由两位教师分别根据检测计划制作试卷；试卷不允许使用套题，所用试题必须经过教师分析选定；试卷按"5·3·2"原则设定难度，即学困生能完成试卷的50%；中等生能完成80%；学优生能完成100%；试卷题量保证学生用考试时间的85%完成作答，15%的时间用作养成检查习惯。

③测试分析：学生测试数据交由出题教师作分析反思，通过测试检测出课堂教学、学生学习过程中的成功与不足，进而指导下一阶段的教学。班主任通过本班测试结果分析学生本阶段状况，有针对性地与学生谈话。

7. 问题学生处理的严谨

任何学校、班级都有调皮、顽劣的学生，对这类学生我们采取：当堂指出错误，课后任课教师谈话，班主任谈话，年级组长谈话，约谈家长的台阶渐进模式。小问题、小违规上课教师在课堂上提醒，稍严重的行为任课教师下课后请学生到办公室谈话，指出违规行为，提出批评意见和改正意见，并将意见通报班主任记录；班主任记录多的或班主任认为严重的由班主任课后找学生谈话；班主任一学期谈话超过三次的学生由年级组长约谈学生；年级组长约谈后仍不改变，或行为已接近违法边缘的学生，年级组长与班主任认真商讨后约见学生家长，共同商量解决办法，并要求家长密切配合。

（三）校本课程的开发与设置浸透培养目标

课程与课堂是实现教育目标的重要渠道与基本途径，没有科学的课程设置与有效的课堂教学，教学质量是不可能得到保障的，学校之间竞争在根本上取决于学校课程与课堂教学的竞争。

惠水二中课程开发包括两个方面，一是国家课堂的校本化进程，针对惠水二中不同学生（走读生班和住校生班）的学习基础、学习习惯以及学习动机，采取学生最适合的学习方式对国家课程作适合学生特点的安排，我们在保证质量检测同一标准的前提下，对学习时间、内容侧重、教学模式进行针对性的改变。例如，在语文教学中，针对住校生班学生大多来自农村山区，70% 是留守少年儿童，因为家庭原因或硬件条件的不足没有养成阅读书本的习惯，导致阅读方法的不正确和阅读面的狭窄，在语文教学中形成阅读能力差和作文能力差的现状，安排住校生班利用下午 5 ~ 6 点的时间进行课外阅读，年级部语文备课组开列了阅读书单，学校建设书店和开放式书架，班主任和语文老师予以指导和监督，通过三年的努力，大部分农村住校生基本弥补了小学阶段阅读的缺失。

在课堂教学中，惠水二中采取的是导学案式教学，备课组在集体备课时参考课标和教材，针对学生实际提出课堂教学目标，并针对学生实际预设教学重、难点，根据"3 个 15 分钟"设置自主学习、教师讲解、当堂训练三个教学环节，教学重、难点在课堂教学中因学生学情进行二次设置，教师讲解遵循"三不讲"原则，即学生通过自主学习能力弄懂的教师不讲，学生学习小组通过相互合作探究能够弄懂的教师不讲，学生没有提出质疑的教师不讲，把单纯的教与学转化为师生共同参与完成的教学过程。

国家课程校本化的过程，在惠水二中也是一个教师认真学习课程标准，学习分析教材，分析学生的过程。惠水从 2006 年起经历一次大规模扩大，2006 年在校高中学生 418 人，初中学生 1231 人，共计 1649 人，教师 123 人。到 2015 年在校高中学生 2400 人，初中学生 1421 人，共计 3821 人，教师 212 人。增加的教师少部分来自师范院校的应届毕业生，大部分从（镇）中小学选调，这些教师共同的特点是对国家课程内容不清楚，知识体系不清晰，对课标了解不多。面对这种情况，我们采取集体备课的方式，组织教师学习课程标准，分析教材，弄明白课堂教学中必须讲清讲明的知识点，知识点的广度和深度，同时在月考，检测命题中严格考查范围、试题难度，统一同年级、同学科、同进度、同难度、解决因教师知识结构和偏爱原因形成的差异，使课堂变得高效和实效，保证在规定时间内完成教学要求，给校本课程教学留出时间。

国家课程校本化的过程，也是二中课程改革的过程，在这个过程中教学质量得到显著提升。在不通过延长学生学习时间、增加师生劳动强度的前提下，惠水二中近十年取得了显著的成绩。

我对国家课程校本化的理解，在这个校本化的过程中有几点原则需要坚持：对教材的分析要基于课程的要求；难度的设计要面对全体学生；要限制教师讲的时间和动手的冲动；设定目标要根据学生的实际，"跳一跳，够得着，刚刚好"。

校本课程开发：当前我国基础教育课程改革的一个重要的特点是形成了国家、地方与学校共同管理的基本框架。校本课程开发是一项艰巨的但也充满挑战的工作。校本课程的开发对于西部地区而言，难度很大。据我了解我们州内还没有学校进行尝试，惠水二中校本课程开发从 2015 年开始尝试，有以下四个特点：

1. 课程开发的目标是为培养目标服务，我们的培养目标是教育在内化的过程中成人。基于留守少年儿童多，与父母聚少离多的现状由罗昆老师开发了五节课的《孝道》；基于家庭教育的缺失邀请县职校教师张咏梅开发了五节课的《基本礼仪》。

2. 课程开发基于教师的特长。如语文教师杨权惠开发的《唐诗赏析》；物理教师吴大奎开发的《家庭电器常见故障维修》；体育教师杨庆忠开发的《足球入门》等。

3. 基于学生兴趣爱好开发。如硬笔书法、软笔书法（邀请培训机构开发）、体操等。

4. 根据学校教师和学生实际，课程开发基本上是微课程，即不超过十个课时的课程。我认为这样一是降低难度，教师易于上手；二是学生完成时间短，不易引起家长的抵制。经过一个周期再形成学校的校本课程体系。

三、形成惠水二中办学思想

（一）办学理念

为走进二中的每一位师生，奠定成就美好未来的基石。

（二）育人目标

努力培养以强健的体魄为骨，扎实的知识基础为肉，高远的责任担当为体，文雅的举止谈吐为衣，浓厚的家国情怀为魂的大写的人。

1. 个人修养方面

★具有较强的家国情怀和社会责任意识；

★举止有型、谈吐高雅，有良好的生活、学习习惯。

2. 知识技能方面

★掌握基础的文化知识和基本技能；

★学会坚持锻炼身体拥有健康体魄；

★发扬中华文化传统兴趣爱好广泛；

★具有积极和持久的学习研究能力。

总体描述为：

浓厚的家国情怀；

文雅的举止谈吐；

扎实的知识基础；

广泛的兴趣爱好。

（三）"一训三风"

校训：志存高远　修身致用

志存高远——语出诸葛亮《勉任书》"夫志当存高远，慕先贤"，立志是一个人成功、成才、成人的基础。张载在《正蒙·至当篇》中说，志大则才大，事业大。王阳明《教务示龙场诸生》说"志不立，天下无可成之事"。

惠水二中师生，就应当立下远大志向，终身为这一远大理想而努力，方能成就事业，成就人生。只有远大的目标，才能使人自觉地远离低俗，不在细枝末节中纠缠。才能忍受孤寂，忍受屈辱，才能保持高昂的斗志，培养高雅的爱好，不辜负美好的人生。

修身致用——修身，是儒家传统道德的一项重要要求，是指自我完善，严格按社会道德规范要求自己。当今社会处于一个纷繁复杂，诸多诱惑的年代，这种诱惑不光体现在物质上，更多体现在对人心的诱惑上。修身，即人在社会中坚守自己内心对崇高的诉求，约束内心的欲望，保持初心的宁静，坚持有所为，有所不为的操守。致用——出自孔子《论语·宪问》"古之学者为己，今之学者为人"。为人之学即学习的目的是致人、致社会、致国家。我们要让惠水二中师生明白，努力学习的目的是使自己对家人、对社会、对国家有用。

校风：敬畏生命　崇尚荣誉　严守规矩

敬畏生命——对生命存敬畏，这与勇敢无关。世间万事，许多错误尚可弥补，甚至重来，唯独生命，一旦消失，绝不会再有。敬畏生命，不光是人的生命，应含世间万物之命。二中人，要能体会生之不易，逝亦永恒的道理，师生均要珍惜一切生命，珍惜自己和别人的身体，所有的一切与生命相比都无足轻重。

崇尚荣誉——荣誉，是个体或团队努力而获得的证明，崇尚荣誉就是尊重努力的过程，就是崇尚为完善自我而选择艰辛的历程，只有崇尚荣誉的人才会慢慢变得高尚；只有崇尚荣誉的民族，才会渐渐成就高贵。只有崇尚荣誉才会始终力争上游，追求卓越，才会珍惜荣誉并发自内心地做一个体面人。

严守规矩——当今社会的高速发展，人们在不断地触碰底线，践踏祖宗千年流传、保存下来的规矩。规矩即底线，是二中人不可触碰的红线。规矩的存在是保持一个团队成为整体，一个人之所以为人的最低要求，二中人要坚守"规矩向上可以诉求无限，向下不可触碰底线"的规则。

教风：博学识　勤思考　诚合作　雅言行

博学识——意思是惠水二中教师要有广博的学识，"学高为师"，随着互联网、大数据时代的到来，知识迎来大爆炸年代，光凭我们读书时所学，已经不能胜任教师这个职业。我们必须保持学习的习惯，随时更新知识，掌握新教学技术、新教学方法的运用，才能成为一个合格的教师，任何故步自封都会被这个时代、这个行业所淘汰。

勤思考——"人类一思考，上帝就发笑。"思考是人区别于动物的存在。特别是我们教师，要让思考成为习惯，学生在变、学情在变，就连为师者的初心都在变，只有保持不间断的思考。才会成为教育的智者，才能教有所成，成为受人尊敬的教师。

诚合作——知识在逐步消除边界，而育人，不再是一个人、一门课所能完成。惠水二中的教师，要学会真诚地合作，在知识的传授中，在能力的培养上，在育人的过程中与同事、与家长、与社会中积极因素真诚地合作，才有可能实现教育教学的目标。

雅言行——学为人师，行为示范是社会对教师的要求，也是所有师范院校对毕业生的要求，二中教师，要在穿着、打扮、言行举止方面保持高雅，要自觉与社会上的低俗拉开距离，要把美好的一面展现给学生，成为他们向美、向善的典范。

学风：立远志　乐学习　勤健体　广爱好

立远志——见校训中"志存高远"注释。

乐学习——乐的注释为喜欢，乐学习的意思是喜欢学习，把学习当作快乐的事，终身的事。

勤健体——健康的身体是一切成功的基础，是快乐、愉悦的根本，而锻炼和良好的习惯是身体健康的唯一途径。惠水二中的学生，要从现在起养成锻炼的习惯，且至少掌握一项锻炼的技能。

广爱好——人生若只有工作，生活会显得颜色单调，生命不够精彩，而爱好，则是人生历程中一瞬间的灿烂。初中阶段不知道自己的终身爱好是什么，所以只有保持持续的好奇心，广泛地涉足，才能有诸多选择的可能，但前提是：一是要有益身心健康，二是不能影响根本。

教育不等同于考试，通过教育、考试而升入理想学校只是教育的一部分，或者说是受教育者中的一部分。但教育是所有人都要经历的过程，在这个过程中，人逐渐摒弃自然人的粗鲁、野蛮、自私，进而显得斯文、内敛、理智、平和，才能构成我们和谐的社会。

校长的压力、焦虑与教育情怀

王友波

　　2018 年 6 月 5 日 6 点，赣州四中的刘爱平校长纵身一跃，跳楼自杀了。遗书上写到自己主动离开这个世界的原因是"日益严重的抑郁症让我痛苦不堪，巨大的工作压力让我身心俱疲"，李镇西校长说"物伤其类，为刘校长的离去深感悲戚"。工作压力？我忽然想到《梅贻琦西南联大日记》，面对物价飞涨，敌机轰炸，同时执掌西南联大和清华大学，事务繁重；为维持联大，争取科研经费、教学经费、应酬频繁……仍然有"午前有警报，院中妇孺皆外出疏散，顿觉安静，乃至廊下坐约一时，看书晒太阳"。"饭后谈政局与校局颇久，至十二点始散。余对政治无深研究……对于校局则以为应追随蔡子民先生兼容并包之态度，以克尽学术自由之使命。昔日之所谓新旧，今日之所谓左右，其在学校应均予以探讨之机会，情况正同，此者曰北大之所以为北大，而将来清华之为清华，正因于此注意也。"一位校长朋友寄语向往之校长工作："精神独立、行动自主、恪守初心、宁静办学"。新时代教育，随着物质条件的日趋满足，校长的压力真的到不堪忍受的地步？今日校长之使命与责任高过山河破碎时的西南联大？我们究竟该用什么样的心态来面对教育的变化。

　　现在校长的情怀与压力共存。压力如安全责任，无论校园内外，他伤或自伤，偶然与必然，学生之间，师生之间，抑或是社会上丧心病狂者的行为……一旦出现，校长与教师就要面对上级、家长、社会的压力。因此取消了郊游、取消了运动会，甚至禁止正常的教学活动；政治责任，要求写在本上，记在心中，电话抽查，当场提问；检查笔记，试卷检测；检查压力，各种检查、活动的安排，更多的不是教育部门主导的，但通过教育部门下发文件或通知，每次活动都要有方案、预案、计划、记录（纸质和音像的）、总结；省、州、县、乡（镇）相关或不相关的部门，随时进校检查，校长的陪同已然成了标配。舆论压力，个别师德败坏者，个别教师的行为不当，个别人的有偿补课，个别家长的举报或报料被聚焦放大，使教师这个群体面对舆论太大的压力，因这种压力形成的焦虑、烦躁的情绪在校园里蔓延。从前因教育教学形成的教师自信、校长自信、学校自信在慢慢消失，教育情怀在校长和教师身上慢慢褪色。

是这个环境不适宜教育，或者是教育不适应环境？远如孔子周游列国而教，近如西南联大在乱世艰难中办学却群星璀璨，师生、校长的情怀因环境的艰难而弥足珍贵。

校长的教育情怀是什么？是悲悯，是使命，是责任与担当。校长的使命是校园内的每个生命体成长得精彩；校长的担当就是为教师和学生营造一个宁静的校园，有选择地拒绝；使教育在师生的活动中完成，让生命在平静中生长。

人的成长过程是漫长而又值得期待的，所以任何急切的行为都无益于人的成长；在成长的过程中有迷茫、有岔道，所以要有师长的引导、矫正；每个年龄段求知的目的、内容、方式与手段都有不同，所以各个学段的学校在教育教学过程中的侧重点，养成方式都不同，不要幻想在某一阶段就能帮孩子设定好目标，锻炼好技能，不要匆匆去完成应由高一级学校完成的工作。育人和成长的过程至少大部分应该是快乐的，在宜兴我曾经观摩一个紫砂壶师傅创作的全过程，他的表情愉悦，口里哼着不知名的小调，灵巧的手温柔地拍打着泥团，整个过程赏心悦目。过后的交流中，他说："不要把干活当作苦差事，我和紫砂都在享受这个过程，只有这样，壶才有灵性"，教育的过程也应如此。校长的教育情怀就是要营造和维持这种愉悦的过程，让师生在自然的过程中期待改变的发生。对生命的敬畏，是校长教育情怀中最重要的组成部分。对生命的敬畏、悲悯与珍惜，使校长可以从教育部门纷至沓来、为免责而下的各种安全文件的压力中解脱出来，认真思考脆弱的生命在校园内外的隐患，努力使其在保护中长大；对生命成长的期待，才会让学校教师理解自己工作的意义并爱上它，避免教育走上功利化、短视化；对生命成长的凝重，使教师认真思考自己的教学方法，使校长明晰培养目标，使家长从急迫中静下心来……

所以说，校长不是官，学校管理不光靠简单的行政命令。行政部门靠严格的纪律，下级服从上级来保证执行；学校管理以人治校为下、制度治校为中、文化治校为上。校长的教育情怀就是努力营造适宜育人的校园文化，校长的担当就是努力维护这种文化的生存与发展。与此相比，职位、待遇、指责都可忍受或抛弃。为了自己的教育情怀，校长除了对信念坚持和对校园的守望外，自身的学习和思考尤为重要，办什么样的教育，培养什么样的人，创建怎样的课程体系，遵循什么样的价值体系……只有形成正确、适宜的办学思想并长期坚持，形成全校教师的共识并努力实现，在过程中排除干扰，方能成就学生、成就教师、成就学校，同时也成就校长。

新时代呼唤教育家型的校长，而校长的教育情怀是忍受压力、克服干扰的"定海神针"期盼"精神独立、行动自主、恪守初心、宁静办学"学校的出现，期盼将之作为目标的校长出现，中国的教育就有希望了。

浅议校长素质与培养路径

王友波

校长之于学校的重要性，上至国家层面，下到平民百姓，或深或浅都有论述。"提倡让教育家办学，他们可能不是某些专业的专门家，但是他们第一要热爱教育，第二要懂得教育，第三要在钻研教育的第一线，不是一时而是终身。"（温家宝，2010年2月）"一个好校长就是一所好学校""校长是学校的灵魂"。远如蔡元培之于北大，梅贻琦之于清华，刘道玉之于武汉大学，近如王文佳之于兴义八中……我们也曾见过许多当地名噪一时的中小学，因为换了一位校长，声誉便一落千丈，校长的重要性可见一斑。

校长如此重要，校长必须具备哪些素质，校长的成长是在工作中感悟而成或是应该通过针对性培养。本文试作分析：

校长诸多素质中最重要的是心，古语说心正则行正，作为培养祖国和家庭未来希望的学校，对学生心灵的塑造其重要性高于其他，校长作为学校的灵魂，其心性尤为重要。校长素质中的心性：

其一，热爱教育。自工业革命以来，人类对效率的追求超过对心性的养成，评价成功的标准也日趋简单，挣钱、挣多少钱成为世俗评价成功的一个重要指标。教师（包括校长）在这项指标评价中得分甚微，加之工作地点大多偏僻，高分学生不愿报考师范院校，高素质的人才不愿意到学校任教，特别不愿意到中小学任教，这引发了有识之士的忧郁和呼吁。从事中小学教育的校长，热爱教育的本心尤显重要。因为只有热爱才会思考，只有热爱才会关注学生成才、教师成长，才会从这些成长中感受到欢乐与成功。

其二，悲悯之心。浮躁社会中人很急躁，成功评价指标的单一助长了对不达标者的鄙夷，这二者的交织使得教师教学过程中因为急躁，而采用不符合教育规定的手段（如体罚和变相体罚）。而家长思维的单一使其采取更加直接的手段（要不举报教师，要不更加严重地体罚孩子）。前者使教师更厌教，后者使学生更厌学。所以，作为校长的人，要有悲悯之心，怜世间万物都有其不易，容其有错；更愿意等其成长，守候成长。校长具悲悯之心，学校才会在浮躁的社会中宁静下来，教师才会有心静候花开，孩子才能遵循人的成长规律健康成长。校长的悲悯之心，让校长不会把学生的成绩当作唯一的政绩，校长的宽容才会形成学校的包容，包容人成长过程中不可避免的过错，包容不是所有的孩子都适合学校教育，包容在人生学习这一漫长的长跑中有人歇歇脚，擦擦汗……

其三，公正之心。有人的地方就有江湖，学校是一个小社会，也有错综复杂的人际关系，有恃关系硬而骄的；有恃才而傲的；有无才无德而"情商"出众的；也有默默做事却对公平非常敏感的。分班、任教、评聘职称、评选优秀、先进、年终绩效等，都容易成为引发不公平讨论的因素，常听校长说"我是按制度办的"，却不知制度是人制定的，制定制度的人若不心存公平，制度则会留有不公平的"后门"，就不能在学校中营造公平的氛围，教师情绪和精力的一部分就会用于讨论这种不公，进而影响教育教学。

其四，工匠之心。曾经看过许多学校，在遍地沙砾建设之时，校长豪情万丈，楼宇布置，教室装饰，功能室建设，绿化种植，雕塑摆放……蓝图在胸；教师培训，课程设置，学生引导，招生宣传，一副方兴未艾的表现。但当学校发展到一定程度，便躺在功劳簿上睡大觉，失去了继续进步的能力与方略。岂不知世间事，成易精难，做成只需要有激情与机遇，而长久与精致则需要智慧与足够的耐心。特别是学校，随着人类的进步和世界对人才需求的变化，不同年代人生理和心理发生的变化。我们还在说"培养社会主义事业的接班人和建设者"，没过多长时间核心素养理念又开始进入学校，学校是处在变化中的，没有对教育的热爱，没有精益求精的匠心，是不能办出精效的学校的，洋思中学老校长每天到每个教室窗外听教师上课，观察学生 3 分钟，几十年如一日；兴义八中老校长王文佳一年三百天以上早上六点半到校，晚上十一点离校。名校，精效学校，非持之以恒、精益求精之匠心所不能造就。

其五，业务素质。现在校长培训，很多培训机构注重校长办学思想，办学理念，教育思想的培训，忽略校长业务素质的培训，或许是认为校长是从教师一步步走来，业务理所应当是精湛的，又或许是默认在前面基础培训中已经讲过，不再需要。这种理想化的培训容易让校长在实际工作中眼高手低，胸有蓝图却无从绘制。在日常工作中我遇到许多啼笑皆非的事，个别学校连七年级语文每周课时量是多少都不知道，还认为七、八、九三个年级的体育课时量是一样的。教师周课时量因学科不同而不同也不清楚，更别说课程设置、学科思想。个别校长一年时间不敢进教室听一堂课，原因竟然是不会评课，怕说外行话惹教师笑话。试问不懂教学基础业务的校长如何办好一所学校。

教育教学是一个学校的根本，全校资源为教育教学服务是理所当然的，校长分管教学也是理所当然的，但笔者所工作的县，一百多所学校在校务分工时校长分管教学的仅有两人。一个原因是认识不到位，许多校长认为教育局不强调教学而强调其他，所以其他工作更重要；另一个原因是因为不懂而不敢分管，担心被教师嘲笑，校长因业务素质不够影响学校发展已经成为基层学校的通病。

校长业务素质包括：熟悉国家、教育行政部门关于本学段学校的法律、规章、规定和意见，如《教育部中小学课程标准》《贵州省生均公用使用管理办法》等。

熟悉教学流程，如备课（集体备课）、说课、上课、作业布置与批改、考试、听课与评课、统计与分析等。

了解各种功能室的设置、使用及评价。

对本学段教育对象的身体、心理发展特征有一定程度的了解。

对教育教学目标学习的能力和制定校级引领检测目标的能力。

包容与兼顾公平的素质：学校是一个小社会，教师和学生的构成较为复杂，教师毕业于不同的学校，大部分来自不同的学校，教学习惯、教学能力、敬业精神和个人素质都会存在差异，生活习惯、朋友圈均有不同。学生来自不同的家庭，因为父母工作单位或生活环境的不同，到校后所表现出的性格、生活和学习习惯均有不同。校长作为校园教学与生活的指导者，必须具备包容的素质，只有校长的包容影响教师，进而影响学生，校园才会平和；面对不同的学生和教师，校长所倡导的公平，面对教师的公平包括分配班级的公平，工作量、评价指标与考核结果使用的公平，评奖与晋级机会的公平。只有这种公平才能激发教师的积极性，这种公平是抱怨的止沸剂，这种公平才能影响老师，使其面对学生时公平。校长在学校中倡导对学生的公平，主要体现在制度保障下的机会公平，特别是小学和初中，新入学的小学生因为家庭条件的差异和是否就读幼儿园，在起始年级的表现是有较大差距的，小学一年级作为义务教育起始端，校长一定要倡导和坚持机会公平，不要因这种差距影响学生编班。部分专家、学者倡导的分层教学，开启之初是指在高中，因为高中阶段面临的高考压力和学生在义务教育阶段学习的不同。但这种分层教学正有下移趋势，部分地方甚至移至小学作为起始年级，又因为这种分层教学形成实际上师资和办学条件上的歧视。校长的悲悯之心和保障机会公平之间的结合，才会形成公平有序的校园。

终身学习的习惯和勇于自我否定的素质，研究显示，一个大学毕业生毕业五年内不继续学习，所学知识将全面落伍。教师在面对由无知走向有知孩子的时候，是在用过去的知识教育未来的人才，用经验指导创新，教师的自学习惯和不断更新知识的能力不是天生的，而是逐渐养成的，这种养成需要校长的倡导和培育，校长终身学习的习惯会影响教师与学生。

勇于自我否定的素质：一位校长在一个学校工作一段时间后，会形成一定的思维和工作模式，特别是取得一定的成绩后会固化，但时代在进步，教学理念与手段在进步，校长只有具备自我否定的素质，才能使学校不断取得进步。

保持学校宁静的坚守：社会的发展，评价指标的多样化，导致越来越浮躁，部分校长与学校急于把自己推出去，甚至有请专业机构包装的，总是想引起注意，访者如云。岂不知学校以其性质而言，应该是宁静和谢绝参观的，因为学校的备课、上课、批作业、考试、教研、与学生谈话等活动本身不具备观赏性；学校的设计、布置、绿化、装饰等，是从孩子的视角而不是成人视角而制作，于成人而言没有观赏性。人的成长较之于树的成长更需要宁静。只有宁静和相对宽松的环境，教师才能尽其所能培养孩子，在这种环境中人的成长才具舒展性，评价学校办学效果就两个指标：一是教师在学校的工作和生活是否感觉幸福和有意义，二是孩子在学校里感觉是否快乐和进步。学校宁静的坚持，校长负有重要的责任，校长的坚守是教育素质，更是其对教育的理解与忠诚。

校长的养成：校长成长的过程包括选拔、培训，创造机会，锻炼在岗，自我领悟。

有一种观点认为校长是不需要培养的，是自悟所成，如蔡元培、梅贻琦、胡适、陶行知，民国时候没有专门的校长课程与培养机构和程序，仍然涌现出卓越的校长和教育家。但我认为，现阶段随着教育的发展和民众对教育的高标准要求，校长应该是教育部门选拔、培养和校长本人自我领悟相结合的。

校长的选拔形式上应该有标准的程序，没有标准和程序的选拔，容易因教育行政部门领导的好恶而发生偏移。校长培养对象的选拔应该考察其品德与能力。这种考察不能简单依靠某人的推荐或投票。通过考察成为培养对象的人应该将其放到较为大型且管理规范的学校培养，使其具备相应的校长素质。成熟后委派到小型学校任职，视其发展情况交流。在此期间让其参加培训，促其快速成长，从这个角度来说，校长是需要培养的。

校长的自我参悟：不是说好教师都能成为好校长，但好教师是成为好校长的基础，校长从让当校长—怕当校长—当校长—当好校长—自己想办的学校—享受当校长的过程历练中，既锻炼自己处理校务的能力，又不断感悟校长成长的心理历程，这个过程将会是校长与教育家的分水岭，组织的努力可以培养出校长，自我参悟的过程则会形成教育家。

教育家办学，能够成为教育家的少之又少，但千万所学校需要校长，教育的发展和群众对优质教育的渴求需要好校长，只有让懂教育、想办好教育、能办好学校的教师成为校长，我们的教育才有希望，未来才有希望。

寄宿制学校建设、效能和学生心理调适的探析

王友波

2004—2007 年，中央投资 100 亿元，实施西部地区农村寄宿制学校建设工程，新建、改扩建一批以农村初中为主的寄宿制学校，解决好西部尚未实现"两基"达标的县和虽已实现"两基"达标但基础仍然薄弱的部分地区中小学生最基本的学习、生活条件。其中贵州省获 9 亿元，覆盖除贵阳市外的 83 个县、市区，项目涉及 1044 所学校，新建一大批食堂、宿舍，购置大量学生用床和课桌凳。

2011 年，贵州省政府印发《贵州省农村寄宿制学校建设攻坚工程实施方案》，举全省之力多渠道多方式筹措资金，完成 9901 个食堂（实现校校有食堂），1840 所学校学生宿舍和教师周转房建设，建设周期为 5 年（2011—2015）。2012 年春季，贵州省在国家"义务教育阶段学生营养改善计划"的基础上实施"营养餐"，为所有农村学生提供午餐，实现了"解决吃和住，学生能巩固"。我省历史上由政府建设和完善学校住校设施，住校生最多的时代开启了。"读书就住校，有老师样样都管"的老百姓思维，直白地道出这两项工程的意义——实现"两基"（基本普及九年义务教育，基本扫除青壮年文盲）达标；义务教育阶段入学率、巩固率在国家标准之上。从项目开始实施到现在近 14 年，最早的农村寄宿制学生已大学毕业。除占比大的农村寄宿制学校外，城市中小学教育（指县城及以上）因为部分家长的高端需求或房地产市场的空前繁荣，也涌现出许多以"全封闭、全寄宿、较高教学质量、高收费"为特点的寄宿制学校（私立居多）。本文试从学生角度

探析其功效、意义和需要继续探索引起重视的方面，使其更有利于育人育才作用的发挥。

一、寄宿制学校的效能

十多年农村寄宿制学校的建设，从初中农村学校学生宿舍、食堂开始，到几乎完小以上校校建成食堂、教师周转房；中心完小、初中建成满足需求的学生宿舍，加上贵州省持续十年的"薄弱学校改造"项目和"学生营养午餐"项目，农村中小学面貌和办学条件发生了翻天覆地的变化，许多学校与城市中小学相比毫不逊色。

农村寄宿制学校的建设，在贵州基本消除了"学生两头黑"的现象，由项目开始时"三公里范围外学生住校"到现在的"想住能住"，特别是相当多的县采取"高中进城，初中聚集"教育政策和城镇化发展进程，超半数的适龄少年住校就读已成常态。对普及九年义务教育贡献很大。

农村寄宿制学校的建设，保证学生有相对充足的学习和休息时间；营养午餐和相对规范的体育运动，使学生在考试成绩，体能测试方面的检测数据明显优于十年前；寄宿制学校中教师周转房的建成，改变教师挤占学生宿舍的个别现象，改善教师住宿条件，使农村教师基本安心农村教育；也因为教师住校，发挥教师言传身教的作用，潜移默化影响学生的生活和行为习惯。在少数民族聚居区和部分深度贫困村，因为历史原因仍然存在部分有悖现代化文明的生活和风俗习惯，思想观念在长时间的耳濡目染中一代代地继承（如惠水县摆榜乡苗族村寨没有使用厕所的习惯，男孩、女孩十三四岁就参加"住洞"形式的恋爱活动等）。寄宿制学校的建成和大部分学生的住校，迅速改变这种传统陋习的传承，使他们跃进式地融入现代文明中。寄宿制学校的生活经历、改变的卫生和个人习惯使他们即便回到原来农村生活的环境，也会因不习惯而改变生存环境。从这个角度来说，寄宿制学校对乡村文明和乡村振兴是具有一定助力的。

农村寄宿制学校的建设随着投入的加大，逐渐满足需要和功能配套，反过来助力农村经济的发展和农民创收。学生未在校寄宿前，一户必须至少要留一个劳动力在家，主要负责孩子的吃住及安全。因此农村剩余劳动力或农闲劳动力不能外出务工增加收入。学生到校寄宿后，家长无后顾之忧，能够长时间远距离相对固定务工，收入增加不少。如笔者精准扶贫结对帮扶的吉安村陈柯彬家，2017年小儿子在小学读书，陈柯彬夫妇必须留1人在家照顾孩子生活，即使陈柯彬有一定的泥水工技艺，在周边零星务工收入也不高，自2017年儿子初中住校后，夫妻俩2018年3—6月外出务工，4个月收入近2万元，一举迈过贫困线。

农村寄宿制学校的建设和完善，在养成适龄少年文明生活习惯的同时，客观上保证了他们学习和锻炼的时间，大多数寄宿制学校都安排有早晚自习和体育锻炼时间，在有老师可以答疑解惑和同伴探讨的环境中，学生接受和掌握知识的程度要好太多；学校相对固定的体育锻炼规定和时间，加上同伴影响，容易让他们形成定时锻炼的习惯，经过营养师科学设计的学生营养餐食谱能够保证基本的营养。从数据比较看，同年龄段学生的身体和智力发育较未住校阶段要优秀。这对培养社会主义的建设者意义重大。

二、不能忽视的隐患

1. 从小学开始的寄宿制学校

学生在很小年龄就离开家庭到校寄学，从小缺少家庭氛围滋养，缺少和亲人的情感及语言交流，以至于成年后在心理及能力方面表现出永久的缺陷。脑神经科学已经证实，早期情感发育不良，会直接损害大脑的正常发育，使其结构异常，造成无法逆转的病理性改变。在这方面，罗马尼亚曾犯过一个致命错误："二战"后，罗马尼亚人口锐减，政府规定每个育龄妇女要生4个孩子并可以送到政府出资的国家教养院集体抚养。此后先后有6万多名婴儿一出生就被送进教养院批量抚养，这些孩子后来几乎都出现行为异常，大多智力低下，情感发育不良，不会和人交流，无法形成对视和对话，独自坐在角落，不停地前后摇晃或不断重复某种刻板行为，对陌生人没有恐惧感，也没有沟通能力。这种情况，心理学界称之为"孤儿院现象"。贵州省第一批寄宿制受惠学生已经大学毕业，就笔者长期在农村教学一线跟踪毕业生，或多或少呈现出上述表象，严重者如一个学生，来自岗度镇一个偏远的少数民族极贫村，初中阶段开始寄宿，2015年大学毕业后因无法与人交流重新回到老家，心理问题严重。

美国心理学家曾用猕猴做过一个著名的实验，充分证明早年情感滋润对一个有思维的生命到底有多重要。他们把一些幼小的猕猴和母亲隔离开来，在笼子里安装两个"假妈妈"，其中一个用硬邦邦的钢丝做成，但胸口上有奶瓶，另一个用绵软的绒布包裹，但没有奶瓶。按照"有奶就是娘"的常理推断，小猴子应该和有奶的"钢丝妈妈"更亲近。但小猴子只有饿了才靠近"钢丝妈妈"，一吃完奶，就回到了绒布妈妈身边。这个细节让我们看到小生命内心本能的向往和恐惧，它们对温暖的依恋和需求甚至超越了食物。更让人警醒的是，这些猕猴成年后，大多性情冷漠，不会交配或拒绝交配，不能正常融入集体生活中，走路也蹒跚不稳，甚至连叫声也都不正常，永远处在猴子社会阶层的最下端。猕猴和人的基因有94%是相似的，它们身上反映的这种"孤儿院现象"说明，温暖的怀抱，慈爱的眼神，温柔的话语，肌肤相亲，是一个有智力的生命能正常成长不可或缺的。

孩子从自然人成长为社会人，必须依循成长秩序渐次展开，宛如一粒种子必须依循生根、发芽、开花、结果的过程一样。孩子首先要获得温饱、安全感、爱和亲情这些自然需求，然后才能发展出更高一级的自律、合作、利他等意识和能力。家庭，尤其是母爱，是一个儿童成长必不可少的心理营养品。近代子女成长率高的名人家庭（如梁启超、徐志摩），在其传记中，家庭，特别是母亲给予的爱对子女影响巨大。从这个角度来看，送孩子寄宿，本质上是反自然、反天性的，是成人无视儿童作为一个人的自然需求，把自己的需求强加到孩子头上。特别是孩子上全托幼儿园和小学低年级开始到寄宿制学校寄读，影响更甚。那些借口事业、工作太忙和父母要外出打工谋生，不得已送孩子寄宿的理由，在人的成长过程中是站不住脚的。长期寄宿的孩子，潜意识中既害怕被父母抛弃，又对父母有怨恨，所以经常会表现出委屈、拒绝、过度缠绵和不可理喻。

在农村，大规模"撤点并校"使数以百万计的农村儿童早早过上寄宿制生活。国家在实行免费义务教育和营养餐、贫困寄宿生生活补助、贫困学生高校绿色通道后，因贫辍学现象基本消除，但辍学情况不降反升，其中一个原因就是儿童心理健康问题，因厌辍学。这种倾向值得我们警惕。

2. 校园欺凌

寄宿制学校特别是农村中小学寄宿制学校，学生年龄差距较大，学生体形和强壮程度不一；计划生育政策作用下的一孩家庭增多和家庭教育的缺失，造就了许多"小霸王"，在网络和不良影视剧宣扬的暴力文化交织下极易形成显性或隐性的校园欺凌现象。

显性的校园欺凌容易形成爆炸性的"新闻"，致死或致残给受伤害者家庭和伤害者家庭都是噩梦，我所在的县，四年时间六起校园欺凌引发的致死事件，三件发生在高中阶段，三件在初中，受害者无一例外都是农村寄宿生。

还有更多未形成明显后果的隐性现象，如殴打、强迫性屈辱行为，收取保护费等，对受害者心理形成的创伤影响期较长，严重影响青少年身心健康。当前学校教师编制和生均公用经费对寄宿制学校和非寄宿制学校没有区别，形成寄宿制学校教师课外负担重和经费保障压力大，人员和资金的压力因寄宿学生的增多而加大。生活教师的缺失、宿管人员的不足、硬件防控设施的不满足极易造成校园欺凌现象在萌芽状态不被发现，发酵后酿成不可逆转的后果。

3. 寄宿制学校建设，撤点并校形成的村寨"空心化"现象不容忽视

农村寄宿制学校建设的初衷是消除农村青少年读书"两头黑"的现象，充分保障孩子充足的学习和睡眠时间，有利于其健康成长。当时设定为"上学距离超过三公里以外的学生提供寄宿条件"，但随着寄宿制学校建设力度的加大和农村学校撤点并校的推行，农村初中寄宿生占学校学生比例超过50%，个别学校甚至达90%以上，小学四年级学生住校率也达40%以上。儿童、少年住校读书了，青

壮年外出打工，大部分村寨只剩下60岁以上的老人，田地荒芜，死气沉沉，村寨的空心化留下空洞的房屋和走向衰老的老人，生机全无。严重地影响国家乡村振兴战略，外出务工者把壮年劳动力奉献给城镇，寄宿学生成年后大多不愿回到农村，缺少儿童、少年欢声笑语，只剩下蹒跚而行的老人，游手好闲的壮年或赌博，或酗酒滋事，这种村寨绝不是我们努力下的愿景。

4. 寄宿制学校教师、生活教师、宿管员急需培训和规范

农村寄宿制学校在建设过程中，教育部门就学生活动面积、各项硬件设施（包括校门、旗台、学生生均宿舍、食堂、厕所面积、功能室建设与设施配套等）均有量化指标。但对教师培训，生活教师配置与培训，宿管和安保人员配置数量未作详细要求，因为寄宿制学校学生在校学习和生活时间远超非寄宿制，相应的学习、活动模式与非寄宿制有差别，未经有序培训的教师在知识与技能更新、教学活动、社团活动等方面的不规范，容易形成延长学习时间的"补课"。教师采取其最熟悉的"题海战术"轻易占据寄宿生在校时间，并容易在短期内提高考试成绩，吸引更多不符合住校条件的学生因家长要求而住校。用文化学习代替应有的文体活动，一则不符合青少年身心发展的规律要求，二则会因延长学习时间使学生产生厌学情绪。

未经培训和足够数量的生活教师，不能指导和帮助学生养成良好的生活习惯，提高生活技能，疏缓因群体生活带来的心理障碍。不利于将来融入社会，发挥建设者的作用。个别不具备资质的宿管人员，因其素质，容易对学生（特别是女生）形成生理和心理的伤害，使其蒙上一生的心理阴影。

寄宿制学校教师在现行标准下，工作量明显增加（特别是班主任），除了完成教育教学任务外，还需操心住校生的生活事宜，因工作琐碎产生的焦躁情绪影响其教育教学。

三、途径

1. 需要系统地研究寄宿制学校的管理

农村寄宿制学校的建设已经过去十多年（从试点到现在），已经成为一种县以下农村教育的趋势。这些年的建设和研究主要着力于硬件条件的标准配置和建设，发挥寄宿制学校硬件在保障农村学生食、宿、学的作用。但对寄宿制学生这一特殊而庞大的群体在特定的生理、心理上发展的差异和干预研究不多，对寄宿制学校和普通中小学管理上的差异，人员的配置缺少系统的实践和研究。管理中主要着力于制度的建设、执行，考核中多以可量化设备、物品的配置作为指标。而对硬件设施效益的发挥，生活教师在学生心理变化、生理变化、生活习惯养成等方面发挥作用缺乏培训与考核。针对这些状况，应该组织相应的专业人才，发挥寄宿制学校数量大、从业教师多、研究个体量大的优势，在通过系统的调研后，制定寄宿制学校管理规范并推行，使学校在管理与常规中做到有章可循，充分发挥作用。

2. 编制配置

寄宿制学校的建设和使用，学生在校学习和生活，教师的工作量和工作压力明显超过非寄宿制学校。随着住校生的增加，学校在安全管控、心理调整、生活指导、卫生医疗上承担的压力和需要的师资也大于非寄宿制学校。但当前在人员编制和经费安排中没有差别。面对这种情况，应当通过调研，从人员编制入手，增加寄宿制学校生活指导教师、心理教师、宿舍管理、安保人员编制，有条件的还应当配置住校医生。并在生均公用经费中予以倾斜。

3. 重视寄宿制学生和非寄宿制学生心理发展的差异，发挥家校联合作用，干预学生心理发展

寄宿制的学习、生活，对未成年人心理成长是有负面影响的，我们不应该视而不见。对这类学生家庭教育的实际缺失我们应引起重视，心理教师应该开展研究，形成有效的干预办法与措施；班主任和生活教师要在学生日常学习和生活中

注意观察，及时疏导；心理教师定期进行心理辅导和个体干预。建立家校联合机制，要求家长定期与学生生活，距离较远的应该通过亲情聊天室或视频通话等方式。同时对家长开展培训，明确孩子在成长过程中家长的责任，教授其生活和交流技巧。通过共同努力，尽量减少寄宿制学生心理发展中的异常。

在我国城镇化发展的高速期，农村适龄劳动力的大规模转移，会形成初中向县城聚焦，小学向乡（镇）集中的办学趋势，如何平衡教学资源配置和学生就近入学、学生情感养成与学业养成，集体生活与家庭生活、良好的生活习惯和学习习惯之间的关系，成为我们寄宿制学校工作、教育部门研究的重点。加强调研与实践，理论培训与教职工责任心的发挥，管理规则的制定、实施，才能充分发挥寄宿制学校在培养社会主义建设者和接班人的作用。

未来已来

——信息技术革命对中小学教育的颠覆及对策

王友波

技术革命是教育革命的导演，回顾教育的历史就可以发现：最早的教育是"师徒制"，是以个人关系为基础的，即通过师生之间口耳相传的"传、帮、带"来完成知识的传递（好像我们学校现在的"老带新""青蓝工程"等都是这样，想想这是多少世纪前的方式）。那个时候的教育规模很小，教育主要依靠个人和家庭来完成。印刷术的发明，知识的传递有了一个新的载体——书籍，随着印刷术的广泛使用带来书籍的普及（我们说知识爆炸，其实不是知识呈几何级数的急剧增多，而是书籍的普及使其传播更远更广更长久），人类社会由农耕文化向工业社会迈进后发生了第一次教育革命，现代意义上的学校出现了，而且很快变成国家行为。青少年按年龄大小排序，以老师为中心，以课程讲授为形式，共同接受教育。想想看，是不是和工厂生产很相似，一样的原料，成批次经过固定的工序，最终变成产品推出厂门。稍有不同的是，工厂产品在每一个生产环节出现残次品需要剔出来回炉再造，而义务教育则只按时间走完流程（连留级都不允许），推向社会。学校教育的建立，打破了学徒制那种非常小的师生比，成为一种大规模的批量生产过程。提高了知识传播的效率，由此可见，学校教育及以前的教育，传播/传递知识是教育活动的本质。

我们一直诟病的教育弊端：教育不能做到为每一个学生都提供个性化的、持续性的教育和评价；在教学活动中无法克服教师为主体，学生被动学习；评价机制的单一（特别是千军万马过独木桥的高考制度）；不能考虑学生个体生理和心理差异、兴趣爱好差异，等等。许多教育者都竭尽所能去改变，却不知道这是学校教育批量化生产模式与生俱来的缺憾，就如同你永远不能消除以柴油为动力的汽车所形成的噪声一样，虽竭尽所能却不能让人百分之百满意。

计算机发明和互联网广泛应用后，人类社会进入信息时代，如同印刷术的发明最后促成学校的建立，形成第一次教育革命一样。信息技术的不断进步，知识的传播有了新的载体：视频。近年来，各种以课程为内容的视频在不断地产生、积累、淘汰和沉淀，逐渐形成每一个课程内容的经典视频，这些视频将会取代99%教师的授课。因为这些视频在网络上的传输和获取成本几近免费，再加上技术的进步和国家的推广，将会在更多的移动终端取代教师的授课，教师将成为课堂的组织者和学习的引导者而非知识的传授者，师生关系将面临改变，又一次的教育革命已经形成。从这个角度看，未来已来。

一、信息技术引领教育革命的表现形式

新一轮教育革命的表现形式为：以远程接收终端（大部分为可移动终端设备）接收视频为载体的知识传播／传递来完成教育的过程。教育理论认为，学习的本质是大脑对信息的一种加工，而最有效的加工则来自于有效的情境互动，不能解决有效的情境互动，就不能取代传统课堂。早在20世纪80年代，计算机走进学校和课堂，远程教育的概念就被提出，视频录像就开始传播。那个时候，就有人兴奋地预言——信息技术将要给教育领域带来一场革命。但30多年过去了，这场革命姗姗来迟，就是不能解决有效的情境互动。以社交媒体为特征的wap 2.0技术把人与人之间通过网络进行变动互动的应用技术登峰造极，这场革命就悄然来临。

翻转课堂：是盛行于西方的一种课堂模式，学生通过网络下载或观看教师上传到网上关于知识讲解的视频（也可以参阅其他相同知识点的视频），到学校后把学习过程中遇到的困惑在课堂上交流，得到老师和同学的点拨解惑，并在课堂上完成作业。翻转课堂改变了教育学的出发点，信息社会的教育不仅仅是利用现代社会的信息工具，更重要的是在信息环境中教育学生学会学习和学会生存，师生关系也发生了翻转，原来的教师（知识传授者）向教练和导演的方向转变，对教师的要求更高，需要的是教与学的知识，技能更加丰富多样。对学生而言，翻转课堂让所有的学生都能得到个性化的教育；营造学生对自己负责的教学环境；使课堂的内容得到永久存档，照顾了学生差异（接收缓慢学生可重复学习，缺席者可自由补课而不被甩在后面）；关键的是学校的课堂培养了学生展示的能力与交流的能力。

慕课：慕课是大规模开放在线课程，以微视频为载体，让学生在线学习，形成一种混合学习的模式。它以可视化、图文并茂的方式把知识点讲清楚，然后学生回到课堂上教师组织讨论进行研究，对发展学生思维有很大帮助。慕课的视频是按照国家的课程标准，把它组合起来，然后将一个一个知识点以微视频的形式进行讲解。这种视频可以由国家组织的优秀教师录制，也可以由民间高手录制，同一个知识点，不同的教师讲解，学生可以按照自己的兴趣和思维方式拥有选择的权利，有利于弥补师资水平的差异和教师在某一知识板块的不擅长。

魔而思：魔而思（Massive Open Oline Study，英文首字母 MOOS 的音译），意思是大规模在线开放研究性学习。它借助特定的学习管理平台，在平台上开设综合性、研究性学习的课程，学生采用线上和线下相结合的形式开展研究性学习。它所希望的是学生学会像魔鬼一般思考，学会像科学家一样思维，像艺术家一样进行创作，像工程师一样能够进行设计，它和慕课的区别是慕课是基于课程标准的学科知识点，而魔而思是基于学生的兴趣，此项目设计和问题解决为导向的大规模创新实验实践课程、研究性学习的课程，对中国基础教育而言，要解决的就是跨学科综合课程。

以上三种信息技术对现有教育模式的颠覆，在西方，特别是大学，影响越来越大。在我国，东部发达地区中小学已经尝试引入并取得成功。它呈现出几个共性：

1. 基于越来越完善的网络服务；

2. 得益于日趋完善的互动交流技术；

3. 专业网站、大学（如哈佛和麻省理工）开发研究最好的在线教育平台，并推送免费的教育资源；

4. 个人可以跳出学校的约束，自由选择自己需要的学习方式和内容。

学校——这一基于印刷术的发明和工业革命的模式所具有的传授知识的功能被逐渐代替。

信息技术革命之前的教育，究其本质是知识的传递，所以，印刷术的发明和工业革命下的学校教育，轻而易举地颠覆在此之前的"师徒制"和"私塾制"为代表的个人关系为基础的教育模式。就传递知识而言，学校制度无论是效率或取得的成果无疑是最好的，在以考核知识记忆为标准的考试中，中国学生取得举世无双的成绩，美国人在反思自己的教育时，发现仅就数学、物理、化学等基础学科来讲，美国落后于中国，因为在传统考核体系下采用传统教学模式的中国学生更容易取得好成绩。河北省某中学，每年为清华、北大等名校输送比例颇高的毕业生；安徽省某个地处大别山深处小镇的一所中学，每年上万名学生参加高考，上线人数和比例令人瞠目结舌，这种教育方式持续30年创造中国高中教育的奇迹。但分析这种类型学校，呈现出四种特质：

1. 信息角度看完全是与世隔离的，完全是封闭式训练，不但不采用现代化的教育手段，而且采用更加离谱的方式（如军事化管理，禁止一切信息设备）把学生与家庭、社会完全隔离；

2. 以追求低差错率而努力，甚至追求零差错（这点与现代化工厂相似）；

3. 如果追踪这些学校的毕业学生，特别是分数奇高的部分学生，会发现他们在人生的道路上，其发展和中科大少年班学生结果相似；

4. 这种类型学校更容易在相对落后、闭塞的地方出现，在大城市或经济发达地区很难复制。

现在国内正大规模反思自己的教育模式，有呼吁高考制度改革的，想从评价机制的终端倒逼教育模式的改革；有提出核心素养理念，想从培养过程介入学生成长轨迹；有选择国外教育，开始是大学，现在发展到中小学，且愈演愈烈。因为教育的多元化和资源的不断丰富，人们开始放弃以前"独木桥"的社会选项。经营教育的选拔机制使教育变成功利的模式，追求教育是对个性的引导和个人潜能的发挥。社会需要数学家、物理学家，但需求量并不那么多。每个人都应该有成功的人生。从这个视角切入，教育本质随着社会的进步，首先发生颠覆，不再是知识的传递，而是培养人，培养能够适应和改变社会的人。

我们对中国教育模式的反思，有一个共同的认知：中国学生缺乏创新能力，而现代社会最需要的是创新能力。在以学校教育为主流的教育模式下，我们传授的是过去的知识，却要求学生有创新能力；我们追求学生零差错，不给学生犯错的机会，却要求学生勇于创新，创新成功是在无数次尝试、努力失败后的可能；我们试图用过去的知识培养未来的人，但无数次的努力让我们认识到，未来的人是基于人类的创新这一本质属性自然产生的，如乔布斯、比尔·盖茨……都没有完成大学教育。这种反思显示"大学无用论"，扎克伯格甚至说："目前的大学，正在成为创新的阻碍力量。"但深层次的原因却是：随着信息技术的进步，知识本身的获取，不再是只有学校这唯一的途径；大学也不能以知识为中心而"奇货可居"了。学校传授的知识如苏迦特所说："你能够想象和确认学校里所教的和考核的，在今后20年学生们走向工作岗位时还管用吗？"从这个角度说，信息技术所带来的教育革命，首先"革的是学校的命"。

随着各地加大对教育的投入和教育部"义务教育均衡发展"评估验收，以"班班通"为代表的信息技术设备在中小学普及，个别学校在充分和家长协商后，以苹果 iPad 为代表的移动终端进入课堂。但都是作为传统课堂教学的辅导手段来使用，"班班通"、电子白板取代传统的黑板，在展现教师课案，展现相关信息的直观、迅速上丰富课堂教学，以 iPad 为代表的移动终端在学生作业的完成与展示、答题数据收集与分析中发挥作用。但这不是真正意义上的教育信息革命。真正意义的教育信息革命是从知识的获取、处理上高度自主化，即以微视频形式推选的课程和学生个体自主选择接收，在线学习方式最终将消除以班级为代表的现代教育承载体——学校。

二、基于颠覆背景下的中小学教育思考

1. 中小学教育的基础是什么？

许多学者比较中美基础教育（主要指小学和初中阶段），有从数据角度分析，也有从感性比较，曾获诺贝尔奖的杨振宁说："中国的基础教育打下的'底子'要比国外扎实。"而菲尔兹奖获得者，著名数学家邱成桐却给中国基础泼冷水："这都是多少年来可怕的自我麻醉！我不认为中国学生的基础知识学得有多好！"华南师大的王红教授在与范德堡大学合作，对中美校长 9 次互访做系统研究之后得出的结论是："我们在终点输了，在起点也不见得'赢了'，我们的高等教育质量不如美国，基础教育也不见得就比美国高。"比萨教育测试（国际学生测试项目）测试的是 14 ～ 15 周岁年龄段学生的阅读、数学和科学能力。2009 年上海一些学生参加测试，他们的成绩名列第一（几年的结果都一样），这引起英、美等西方教育界对本国基础教育的反思，甚至英国还引入中国数学教材。陆续地国内部分大城市适龄学生也参加测试，成绩却不理想，甚至拉低国家排名。为什么同样教材下的国内不同地区，面对同一测试学生成绩差异显著呢？不同的学者从不同的背景和角度思考，但所有的思考都必须回答一个问题：作为基础教育的中小学，究竟应该为学生未来的发展奠定什么样的基础。2018 年 9 月 10 日，习近平总书记在全国教育大会上的讲话提出教育的目标是"凝聚人心、完善人格、开发人力、培育人才，造福人民，培养德智体美劳全面发展的社会主义建设者和接班人"。

陈玉琨教授说要培养"国际视野与本土情怀结合；科技素养与人文品质结合；

个性特长与团队意识结合；身体健康与心理健全协调；继承与创新协调"的人。

英国教育学家苏迦特分析，在今后的大数据时代，只有三种最基本的东西是学生用得到和必须学的东西：一是阅读，二是搜索，三是辨别真伪。

人工智能的进步，所有记在纸上的知识都可以瞬间查到，似乎不用再记忆；再难的数学、物理题，网上都能找到答案，似乎不用再耗尽心神地钻研；各种翻译软件的更新，连语言似乎都不用学习。我们耗尽一生的学习，所能掌握的也许不如计算机存储中的一个微小的点；我们历经多年的训练，准确性和运算速度距计算机越来越远。教育，似乎没有存在的必要，我们基础教育的中小学校，应该教给孩子们什么？什么才是真正的有用。

教育和学习两个词语应该是有区别的，教育在我国文化传承中地位非常高，上升到民族希望，国家未来。"为天地立心，为生民立命，为往圣继绝学，为万世开太平"（北宋·张载），传统教育的目的是"修心"而不是求生的手段，从这个角度思考，传统教育要培养的和受教育者向往的是一致的，不像现在功利地把教育分为有用或没用。学习，用大数据时代苏迦特对学习进行的建构主义的重新定义：学习，是一种自组织行为，即生物、数学、语言等内容在教学实验中的体现，在不需要老师或科学家输入逻辑和程序的情况下，学习者可以独立自主地完成学习。

中小学校教育应该在以下方面为学生打下基础：

①家国情怀：社会主义教育的目的是培养社会主义的建设者和接班人，我们在孩子接受教育之初就要培养学生的家国情怀，并且要持之以恒，只有在幼小的心灵中植入种子，才有可能达到"为天地立心，为生民立命，为往圣继绝学，为万世开太平"的境界。

②终身学习的习惯：知识爆炸的信息时代，想要通过学校教育掌握一生所用知识已经不可能，唯有坚持终身学习的理念才能实现人的不断进步。可惜我们中小学校繁重的课业负担和不间断的选拔考试已经磨灭了学生学习的兴趣，高考后的撕书现象和上大学后的混日子现象越来越普遍，我们不仅没培养出终身学习的

习惯，反而连学习兴趣都消磨殆尽。

③科学素养和人文品质的结合：中国传统教育注重对人心的"修炼"，而鄙视动手的工匠精神，加上试验器材的不普及和实验教学的不重视（体现在选拔性的高、中考试中近几年才出现实验题），我们学生的科学素养是比较低的。随之而来的是探索兴趣和动手能力的缺失，丧失创新能力。所以科学素养和人文品质的结合应该从中小学基础教育开始。

2. 弥漫在中小学校园的焦虑

近几年在指导高考学生填报志愿时常听到家长或学生问"学这个专业有用吗？出来能找到工作吗？""有用"似乎成了教育过程中各学科、各学段过程评价的终极依据。焦虑，成为弥漫在中小学校园上空一道挥之不去的梦魇。

"决不能让孩子输在起跑线上"，这一句由校外培训机构创造出来的口号迅速占领绝大部分家长的心；上海一位培训中心的辅导员这样恐吓学生和家长"如果中考平均分不在 92 分以上，是不可能考上好高中的，不能考上好高中，就绝不能考上好大学，你看看那些不好的大学毕业的学生，现在在做什么……"从小到大，我们关于学校和教育，一直生活在家长或老师简单而直白的"教育"中——这个吓人的逻辑就是：如果你小学不努力，就上不了好初中；考不上好高中，就不可能上好大学；上不了好大学，就找不到好工作；找不到好工作，就得扫大街、到工厂去打工……应试教育从孩子入学之初，便打上竞争的烙印，为了在这场竞争中不落伍，许多家庭变本加厉地投入这场竞争，带来了校外补习机构的空前繁荣，致使"学而思"之类的专业培训机构频频在风投中获得一轮轮的投资。

这场竞争是由社会底层对未来的恐惧引发的，"因为自己的贫困没有社会资源，不能帮助孩子，决不能再让他输在起跑线上，绝不能再让孩子过苦日子"，攒钱给孩子上补习班，在应试教育的考试中，郑州二中王瑞校长总结成功秘诀：智力中上，比别人学得多，比别人学得早，具有主动配合应试心态的学生容易成功。一部分孩子因上补习班迅速超越同学引发恐慌，原来不上补习班的孩子纷纷拥入补习班，甚至"一对一"地补课，牺牲全部的周末，付出每年数以万计的补课费。

这场以逃离恐惧的竞争最终演变为家境的竞争，且愈演愈烈，屡禁不止。

这样的竞争是否造就了人才，是否使人成功呢？那些被恐惧包围了10多年的学生，无论家境如何，进入大学后有如释重负的感觉，变本加厉地恣意荒废学业，厌学情绪更浓，从此不愿学习现象极为普遍，甚至延伸到以后的职业生涯中。

在教育经济学里，有"筛选理论"和"人力资本理论"，前者认为学校的作用是把人按不同的标准区分和筛选出来，这些被区分和筛选的人与工作岗位相匹配；后者则强调教育对于提高人的健康、知识、技能、创造力等方面的作用。我们现阶段过分强调教育的"筛选功能"，到学校受教育，目的就是升级，把别人筛选下去，把自己提拔上来。这种筛选对弥漫在中小学校园的焦虑作用力太大，尽管许多专家或教师一直在反思现阶段教育的缺失，但成效甚微。

在这种筛选理论作用下形成的焦虑，不光是家长、学生，学校、教师也身陷其中，学校要想成为优秀学校、县重点、市重点、省重点、示范学校，上线率，一本率，清、北上线人数，优秀率均成为评估的硬指标；教师变为骨干教师、模范教师、特级教师，晋升职称，也离不开平均分，优秀率，本班上线率，升入示范学校人数，录取清、北名校人数。学校、教师的争先恐后，学校、教师的目标就是学生"步步高"的升迁，学生的自我完善和健康不是学校工作的出发点，教师追求的也不是学生的发展和自己的专业成长，而是"上等级"。这些因素的叠加，使无力反抗的学生成为焦虑情绪的最终承受者，没有周末、没有假期成为常态。这些从小到大充斥着恐惧的孩子，一心要超越别人，到了成年，除了竞争和自私，似乎不会有其他东西，友爱、能力、协作、感恩，这些价值观，被应试的主流排除在教育之外。

3. 对网络和移动终端设备的恐惧

我们很多校园是封闭的，从形式上到实质上。铁门紧闭，门卫在上课期间认真地排查每一个进入校园的人（本校教师除外），美其名曰保障学生安全。这些年，有的学校又认真排查进校学生，两件东西是禁止带入校园的，管制刀具和手机。作为便捷获取资讯的智能终端设备，竟与管制刀具一同被严禁，个别学校采取更为极端的手段：发现在校园内使用手机者一律开除，手机被浸水。我们恐惧什么？恐惧网络还是恐惧封闭的世界被这些设备打破……

支持者的理由似乎很充分，学生因为玩手机荒废学业；手机会给学生早恋提供便利；学生会用手机玩游戏，看小说；个别学生会用手机作弊……如此种种，手机在学校里成了洪水猛兽。外面的世界如此让人害怕，我们竭尽全力封闭起来的校园培养出来的学生却最终要走上社会，融入社会。

为什么会有这种恐惧？

首先是教师，以孔子时代开始的师道尊严，教师之所以能成为教师，受学生尊重，基于"师者，传道授业解惑"，即老师无论是学识、修为等方面均强于学生，教师在信息的掌握中处于优势地位。在单一信息来源情况下，比如高考分数、固定的教材和复习资料，这种重复吸收那些经过筛选的编码信息的教育模式下，即信息闭塞的情况下，教师是凭借信息掌握的先机处于优势，这种优势和传统教育观念的叠加，使教师误认为有主宰学生的权利。网络为基础的信息技术，使信息的获得不再有先来后到的顺序，学生凭借对新生事物的敏感和对新技术领悟能力的优势可以掌握教师未掌握的信息。加之信息时代信息量的繁多与复杂使教师已经不能"解所有惑"，因此，教师的恐惧尤甚。当慕课、翻转课堂，其他更多以视频为载体的课程推送到眼前时，面对分析比自己更清晰，思路更巧妙，讲解更精妙的"同伴"，且在曾对自己顶礼膜拜的学生面前，害怕面对是大多数教师的反应。所以说，在信息技术引发的教育变革中，最严重的问题不是教育资源的缺乏，而是毫无天分的教师在错误的方向还在"勤奋地工作"。

其次是学校。自工业革命以来形成的学校教育模式已经存在几百年，模式的固定带来思维模式和从业者的固定。包括教学模式的固定：招生—教学—考试—放假—开学的固定程序和主要凭考试成绩评价学校的评价体系。学校有固定的目标和努力的方向：备课—上课—批改作业—考试的模式，大部分人习惯了按部就班。当社会学习、可视化学习、移动学习、游戏学习等学习模式借助互联网形成的信息和知识载体都有了相应的技术基础，开放的社会和资源进一步解放人类的学习，越来越多的人不用待在学校里被动学习的浪潮到来之际，学校的恐惧便到来了。学校里优秀的教师在浪潮中拿到创业基金，成为拥有众多粉丝的网络视频教师，校园将不是最优秀教师的聚集地，教师成为教练。把低层次的和重复性的、可拷贝的交给电影模式，而对学生的支持和服务将大步推进。学校面对学习模式和教学模式的巨大变化，在线教育的冲击，对即将到来的"无知"产生恐惧，因为这种害怕而采取封闭的方法企图稳固下来，就形成禁止手机等移动终端设备的模式。可怕的不是形式上的禁止，而是这种心态破坏人类与生俱来的好奇和创新。

苏迦特说："对于教育者来说，这是一个转变的时代，教育界的各种力量在重新洗牌，各种变化在更迭着，教学模式的多元并存会是一个长期存在的现象，新技术在外围给教师增加新的对手。新技术的应用又会导致学生在心理预期、学习习惯等方面的变化，这就从核心和内部促进教学过程的转变。在这当中，不知潜藏着多少机遇和可能性等待有心人去发现！"也许，我们不应该恐惧，不应该封闭，而应该张开双臂去拥抱到来的变化。

4. 我们能在九年义务教育中给孩子什么？

自课程改革以来，我国教育界出现如洋思中学、东庐中学、杜郎口中学等课改模式。这些课程改革有三个特点：一是在教材固定的情况下主要针对教学模式进行改革，目的是如何"高效"地完成教学任务。二是这种改革主要发生在九年义务教育阶段，特别是初中，其原因可能是高中阶段面临高考压力，不愿改也不敢改。小学和初中虽然有升学压力，但不是很大，部分薄弱学校压力更小，求强图变的变化也容易在这里引发。三是这种变革发生在高中学校相对均衡的地区，在示范性、重点高中和普通高中差距明显，相对落后的地区，中小学教育则显得更为固定。也即是说，越是闭塞、落后的地区，教育的筛选作用越向低年龄段侵蚀。

小学和初中教育，国家所规定的课程难度和量不是太大，教育更多的是养成习惯的现训与教化作用。而这个阶段又是孩子对一切充满兴趣的年龄段，这个阶段的教育在很大程度上影响他们一生。因此，这个阶段我们应当：

一是养成阅读的习惯。大数据时代最大的特点是来自信息过载所带来的"信道危机"，海量信息的载入让我们目不暇接，获取信息的主要手段是阅读。传统教育中教师逐句解析的方式限制学生阅读能力的培养。而我们在这个阶段要教会学生从可阅读的载体上获取信息的方法和培养快速阅读的能力。

二是养成搜索的习惯。传统教育对老师的依赖很大，普通没读过书的老百姓都会教育孩子"不懂的地方就问老师"。印刷术发明前的年代，知识量小，教师的传授是获取信息的重要手段，但大数据时代的信息需要学生个体的搜索和终身的学习。因此，从中小学起就应该培养学生自我学习的习惯和搜索的能力。

三是辨别真伪的能力。信息时代，大数据应用的推选，学生要学会在信息中辨别真伪和分辨出自己需要的资源配置，这种能力不是与生俱来的，必须经过后天系统的培训。人类以往的知识体系和知识点在大数据背景下并不会发生变化。而学生辨别真伪的能力会使之得到个性化的指导和无尽的资源。

信息技术带来的教育革命，正迅速地渗透我们的生活，无论我们是否做好准备。从这个角度来说，未来已来！不管我们是渴望还是害怕、期待还是抵触。如同印刷术发明奠定技术基础，工业革命催生学校教育一样，我们所面临的时代正催生新的教育形式。我们只能少些抵触，多些了解与尝试，去融入这场教育革命中。也许我们不能成为革命者，但至少不应阻碍我们的学生投身洪流。

——教育教学体会

分层教学在初中地理教学中的有效运用

王友波

【摘　要】　本文就当前初中地理教学活动当中的应用层次法教学作为研究对象，在前人研究的基础上，通过对教学活动当中学生不同阶段的学习状况进行评价和总结，进而得出在初中地理教学活动当中，采用分层教学法的利弊，通过分层教学法，能够有效提升学生的学习兴趣，进一步增强学生的学习动力，进一步优化初中地理教学课程。

【关键词】　分层教学；初中地理；课堂教学；有效运用

　　所谓分层次教学法，指的是在实际的课堂教学活动当中，教师根据学生对于学习内容的实际掌握情况、学习水平以及相关的智力因素、非智力因素等，将学生合理地根据他们的实际学习情况分配为若干个小组，并对每个小组都提出针对性的要求。通过采用多样化的不同的教学手段，让每一位学生都能够最大限度地调动自身学习的主观能动性，进而逐渐提高自己的学习能力和学习成绩。通过采用分层次教学的手段，能够帮助学生更好地开展教学活动，同时还能够帮助学生的学习取得事半功倍的效果。对此，本文就分层次教学法在初中地理教学活动中的实际运用进行简单的分析。

一、实施分层教学法的优势

　　采用分层次教学法，特别在实际的教学活动当中协调各个层次的学生，能够很好地解决教师主导和学生主体的课堂教学关系，进而确保教学环节的顺利实施，是一种新的教学模式。

（一）通过分层次教学法能转变教师教学理念

教师是知识的传播者，他们的职责就是教书育人，因此，现代教育对于教师的要求也在不断地提高，教师也应当不断地严格要求自己，分层次教学法也是如此。比如在实际的地理课堂教学中，在讲述我国的水资源的时候，教师不仅需要了解课本上的基本知识点，同时还需要全面知晓我国水资源的现状以及当前重要的水利工程，比如南水北调等，需要清楚它的实施路线，以及每一条路线遇到的主要难题，面临当前我国部分地区水资源短缺的问题，除了书中所给出的节约用水的方案之外，是否还有其他的可行方法？比如可以按照梯度来划水价，教师需要详细地了解具体的算法，通过这种方式是有利还是有弊？很多学生认为，当前我国海水资源丰富，是否能将海水净化，将其转化为可以饮用的水？此时教师就需要知晓海水净化具体的操作流程和操作步骤，及其经济成本、可操作性等，这样才能够带动学生主动地积极地进行思考，深度挖掘学生的想象力。采用分层次教学法，教师需要具备丰富的知识储备、扎实的文化基础知识和科学知识，同时还需要明确教学目标、教学任务以及具体的实施步骤，要对学生有着全面而又细致的了解，具体的应对措施，这样教师才能够灵活地应对课堂中的突发事件，在面对问题的时候才能够从根本上转变思想，进一步去思考和提升，进一步提高教师的专业素养，确保教学的顺畅性。

（二）分层次教学法能够培养学生的学习兴趣

经过调查发现，很多学生学习地理十分认真的原因主要是因为迫于升学考试的压力，只有很少部分的学生是对地理感兴趣。很多学生不愿意花费大量的时间去学习地理。采用分层次教学法能够帮助学生更好地明晰教学目标，结合自身实际学习情况，清楚地认识到在地理学习中存在的问题，从而让学生从内心深处真正地喜欢地理，减轻学生的学习负担，在整个分层次教学法中，采用轻松灵活的教学方式，积极培养学生的学习兴趣，进一步实现学生学习的整体优化。比如学生在掌握基础知识以后，能够灵活地运用在实际生活当中，根据地理位置以及海拔、气候等因素，知道我国南北地区农作物成熟的差异性，同时带着强烈的好奇心去学习身边的地理问题，学生在进行地理分层次教学法的学习当中，不断地进行深入和研究，进而满足自身对于知识的好奇心和求知欲，从而有效提高学生的地理兴趣。

（三）分层次教学法能够提高地理教学的有效性

教师在不断地进行分层次教学活动当中，需要根据实际的教学目标设计可行性的教学方案，特别是在分层的教学当中，针对出现的问题及时进行调整和查漏补缺，极大地提高了课堂的容量，促进教学的循序渐进。同时，每一个层次的学生都能够品味到学习到新知识的喜悦之情，能够有效促进学生的学习。所谓有效性指的是在教学过程当中，取得最大化的发展和进步。学生在有限的课堂内获得知识的最大化，进一步实现学生的主体地位，提升学生的地理思维能力。

二、地理分层教学法的影响因素

（一）学生自身因素

要想实现分层次教学，就需要紧紧把握学生的个性和特点，比如学生的知识基础和理论基础，主要体现在学生的地理知识掌握是否牢固，学生的学习能力是否增强，学生的学习兴趣是否强烈，学生的学习习惯是否良好等，地理作为初中学科的副科，很多学生对其都不够重视，不愿意花费大量的时间去学习，同时对于地理课程而言，其需要具备一定的抽象理解能力和空间想象能力，学生如果没有强烈的兴趣爱好支撑，很容易感到枯燥乏味，同时也会觉得难懂，自然就会丧失学习的热情，导致学习地理的积极性不高。同时，学生也会受到环境、心理以及社会等多方面因素的影响，导致分层教学法不能够顺利地实施。

（二）地理课堂教学模式方面

当前我国大力推行新课改，教师在实际授课的过程当中，更加注重学生的自主学习，主动让学生成为课堂学习活动的主体，然而在实际的教学活动当中，部分教师仍旧采用的是传统的填鸭式的教学模式，方式老套，行为单一，并且只把考试成绩作为考核的唯一标准，严重打击了学生的学习兴趣，导致地理课程的教学质量下降，同时也限制了学生的创造性和学习能力。

三、地理分层教学中存在的问题

（一）教师专业素养不足

很多教师在实际的教学实践、课前课后辅导中都需要投入大量的时间和精力，对教师的要求很高，因此需要加强教师的专业化素养的提升，不断提高其能力。特别是当前大都采用的是互联网的教学方式，教师可以充分地利用网络资源，进一步提高教师的专业素养，进而，在进行分层次教学当中游刃有余，达到教学有效性的最大化。

（二）教学评价方式单一

如果采用分层次教学法，那么所有的学生采用同一份试卷显然是不合理的，如果题目过于简单，会滋长学生的自负心理，题目难度过大，又会打击学生学习的积极性和主动性，因此需要探索出新的评价方式，对于学生设置不同难度的考试题目。同时将学生的日常行为表现也纳入到实际的考核当中，尽管部分学生只有很小的进步，教师也应当及时地对学生进行表扬，让学生在学习中不断地体会到成功以及获得感。

四、相关建议和对策

（一）对目标进行分层，循序渐进

教学目标是否具体和明确，直接关系到分层教学法能否顺利实施，教学目标的制定，是教师开展教学活动的有效依据，不仅需要参照教材大纲，同时还需要结合学生的实际学习情况来进行对课程教学内容的调整和补充，同时还需要关注不同层次的学生的学习可能会遇到的问题。在这个阶段，需要对不同群体和不同层次的学生，针对性地设置难易不同的教学任务和教学方法，对教学内容做到有的放矢。对每一个层面的教学任务，都应当适当而行，让每一位学生在实际的学习当中，都能够找到适合自己的学习方法，得到适合自己的学习机会。同时，教师也应当注意，目标层次水平的设置应当是根据梯度来进行划分，难度不能过大，同时还应当循序渐进，只有这样，才能够从根本上转变学困生的学习困境，让学困生也感受到学习所带来的乐趣以及成功的喜悦，进而有效增强学生的自信心，让学生能够学有所得，中等生能够学习更进一层，能够有效地促进学生的全面进步和协调发展。

（二）对学生进行分层，因材施教

"世上没有完全相同的两片树叶"，这句话充分地体现出来，人和人之间是存在着差异性的，特别是正处于初中阶段的学生，他们的学习态度、认知能力以及学习热情、智力非智力等多方面，都存在着一定的差异性。而作为地理学科，更是体现出了不同程度的差异性。因此，在初中地理教学活动当中，教师除了需要为学生制定出适合的教学目标以外，还需要对学生进行合理的分层次教学，进而帮助学生取得良好的学习效果。部分学生的理解能力和学习能力较强，有的学生反应能力较快，也有部分学生空间想象能力很好，有的学生记忆力很强，等等，不同的学生在学习方面会因为自身的不同，表现有所不同，对此，在实际的教学活动当中，教师需要根据学生的不同的学习能力和兴趣爱好，将其分为若干小组，帮助教师更好地开展教学活动。比如，第一层次，指的是那些学习成绩较好，学习能力很强的学生；第二层次，指的是那些学习成绩中等，但是认真踏实，勤学肯干的中等生；第三层次，指的是那些学习态度较为端正，但是学习成绩普遍不高的学困生。通过这种分层次教学法，能够帮助学生较快地认识自己，找准定位，进而建立起学习的自信心，促进学生全面健康地发展，进而有效实现分层次教学的目的。

（三）师生有效互动，动态分层

所谓教学，必须要有教师和学生共同参与，才能够称之为教学。这也是分层次教学的主要依据。让教师更好地适应学生的学习。在初中地理课程的学习当中，教师想要达到自身的教学目标，就需要为学生营造出一个良好的学习氛围，消除学生对于教师和对于地理的害怕心情，让学生能够坦然地面对教师和面对地理学科，主动投入到分层次教学活动当中。比如在学习"中国的地理差异"这节课程的时候，教师可以让小组对这一节课的内容进行分层次讨论：是什么原因造成了我国地理区域的划分？根据这些判定因素，我国可以划分为哪几种类型的地理区域？每一个划分的地理区域有哪些地理特征？学生可以根据自身的爱好和自己的学习能力选择和自己价值所匹配的问题，进而和本组的学生展开讨论。通过这种方式对学生进行点拨和指导，有效地增强教师和学生之间的互动和交流。

（四）建立评价分层，实现共同发展

在实际的教学活动当中，分层次教学贯穿在教学活动的多个方面，不仅仅包含着教学目标，同时也包含着学生的学习能力。因此，在初中地理课程的教学活动当中，教师需要帮助学生制定出不同的教学评价体系，进而对学生的综合能力进行分层次评估。

在初中地理当中，采用分层次教学法，教师需要善于运用发展的眼光去看待

学生和对学生进行评价，不仅需要体现出选拔的功能，同时还需要注重学生能力的提升，帮助学生了解和认识到他们是具有差异性的个体，教师在对学生进行评价的过程当中，也不应当对学生进行责骂，而是要善于根据学生在学习中遇到的问题进行分析，找到适合学生学习的方法，通过多样化的教学评价，有效激发学生学习地理的兴趣，让学生在教师的肯定中不断前进和发展，为教学课堂注入新鲜的活力。同时，教师还可以采用对学生进行评价，教师和教师进行评价，学生自评等方式，来全面促进学生的学习与发展。

五、小结

综上所述，我们可以得知，在当前，教育是人们广泛密切关注的重点，教学质量的好坏是评价一个国家综合国力和发展程度的重要指标，因此，教育教学具有十分重要的作用。而分层次教学法，是现代化教学的重要手段，能够很好地提高课堂的教学质量。对此，在初中地理课程教学活动当中，教师需要善于采用分层次教学法，对学生以及教学任务进行合理的分层，进而督促学生能够取得跨越式的发展，从而取得良好的学习效果。

参考文献

[1] 张苏琴.生活化教学在初中地理教学中的有效运用分析 [J].考试周刊，2016（83）.

[2] 汪进平.乡土地理在初中地理教学中的有效运用 [J].学周刊，2016（08）.

[3] 张淦均.隐性分层教学在初中地理教学中的应用——以《日本》一节为例 [J].中学教学参考，2015（34）.

[4] 黄逃生.分层异步教学策略在初中地理课堂中的应用 [J].考试周刊，2017（48）.

[5] 顾凤美.如何通过创新地理课堂来实施有效教学 [J].数学学习与研究，2017（06）.

浅析如何在初中地理教学中渗透德育教育

王友波

【摘　要】　在新时代素质教育的要求下，科目任课教师的教学任务不再只是简单的课本知识的教授，而是要在完成基本教学内容的同时还要对学生思维的开发和思想的正确引导，确保学生拥有正确的人生观、价值观、世界观并且有健康的生活态度。德育教育能够有效地帮助学生成长成才，肩负着引导学生行走在正确人生道路，并且能够前进和发展的重要职责，初中地理课堂因为其科目的特殊性很好地将人文、地理、科学等多种元素结合起来，能够给教师发挥德育教育的更大的空间，拥有更多的教育优势，是对中学生开展德育教育的必要学科之一。本文首先简单地阐述了德育教育的必要性和重要作用，其次针对如何在初中地理教学中渗透德育教育展开讨论。

【关键词】　初中；德育教育；地理教学

不可否认的是，随着我国国民经济的发展和社会素养的普遍提高，相比老一辈，年轻一代确实能够接受更加优质和全面的教育，但是值得注意的是，我们这里提到的教育不仅仅是对"智"的教育，更多的是对"心"的教育，然而当前在应试教育的要求下，部分教师过分注重对"智"的教育而忽视了对"心"的教育，开展的课堂以一种极其死板的、低沉的"填鸭式教学"模式为主，忽视了学生作为学习主体的地位，将大把大把的理论知识灌输给学生，过分在乎学生的学习成绩却忽视了对学生心理健康和认知的正确引导，即使是在大部分青少年接受良好教育的今天，各种青少年犯罪现象依旧层出不穷，究其原因大多不能跳脱家庭、学校和社会三方，作为引导青少年健康成长的三要素之一，教师有着不容推卸的责任和义务，必须充分地将德育教育渗透到日常教学中，从"以学生为本"为出发点，提供最好的"心""智"并行的优质教育。

一、在初中地理教学中渗透德育教育的必要性和重要性

1. 确保学生的性格完整性的形成

初中阶段是学生完整性格养成的重要时期，该阶段的学生大部分处于青春期，开始逐步有了自己的独立思维和判断力，当然随之而来的是不可避免的逆反心理和叛逆行为，这在学生成长历程中扮演着不可或缺的一部分，教师在该阶段展开对其的正确引导，渗透德育教育有利于学生自信心的责任感、使命感的养成。初中地理课程中包罗万象、种类繁多的教学内容能够很好地为开展德育教学提供空间，避免了像数学、物理等由于学科内容的局限性，导致课堂内容的拓展的固定化流程，初中地理课堂无论是教师的授课方式还是授课内容都可以多种多样，针对不同的章节和所需要学生掌握的知识和能力，能够分别展开多样化的课堂教学模式，就教学内容不断地展开横向和纵向的挖掘和渗透，而地理知识又大多是基于人文和环境、地理所开展的学科，更加有利于培养学生理性认知和感性认知的全面养成，为德育教育的渗透提供了充分的前提条件。其次，在初中地理的课堂教学中，从不同层次去开展的教学能够达到不一样的教学效果，更加细致、细微地升华一些教学内容能够更好地把握学生情感走向，教师开展的德语教学以及教师有目的性地引导能够较好地帮助学生与教师之间实现情感上的共鸣，进一步产生对学习的兴趣，能够自发地学习和探索，这对学生完整性格的养成也有着极大的促进作用。

2. 最大限度地启迪学生思维，跳出传统思维的桎梏

时至今日，依旧有部分教师沿袭着传统的教学模式，严格地遵循着那些陈旧

的教条"老师讲，学生听"，在应试教育的要求或者说是间接的推进下，学习成绩成为衡量学生好坏的"硬性标准"，教师也为了全面符合应试教育的要求忽视了对学生的德育教育，由于专业素养的缺乏，他们认为德育教育是在浪费时间，占用教学内容的时间，完完全全地把德育教育与课堂教学剥离了出来，认为德育教育与必要的课堂教学站在了相互对立的两个面上，当其必须有取舍时，势必将对学生知识、理论的灌输放在首位。其实不然，在初中地理教学中渗透德育教育，能够培养学生更加全面地思考，跳出传统思维的桎梏，帮助学生站在一个更高的位置上去看待一个问题，以一种相对更加成熟的思维去思考问题，当然这些问题涵盖了学习问题、生活问题。初中地理内容的多样性，是促进课堂多样化的前提条件，有着其他科目不可取代的优势，所以只要教师在教学过程中，能够充分地渗透德育教育，必定对学生思维的启迪和引领起着重要作用，因此在初中地理教学中渗透德育教育是十分必要的，也是符合社会发展趋势的。

二、如何在初中地理教学中渗透德育教育

1. 教师以身作则，为学生树立良好的榜样

德育教学是一种长期的、缓慢的进程，将始终贯穿于地理课程的学习之中，对学生的德育教育不是一蹴而就的，需要教师长期的引导和帮助，由于教师扮演的角色重要性，作为一名地理教师，教师必须树立良好的师德师风，做好学生学习的榜样。教师在地理教学中渗透德育教学时，必须要注意方式方法，不能强行将德育教学的理念灌输给学生，违背了德育教学的初衷，也不能达到良好的德育教育的效果。

首先，教师自身必须对地理课程充分地重视起来，在教学过程中不能因为有主科副科的区别而没有对教学有充分地重视，在时代的要求下，社会所需要的人才不仅仅只是需要优异的文化成绩，各方面能力综合发展才能够更加符合社会对新时代人才的要求，德育教育的目的是培养学生正确的思想观念和为人处世以达

到帮助学生健康成长，拥有正确的价值观念，能够明辨是非的目的，所以教师对待事物的态度，处理事情的方式在一定程度上对学生产生影响，教师无论是在教学过程中必须时刻谨记八字箴言"引之以言，导之以行"，不能只是简单的说教，而是以身作则，树立良好的教师形象。此外，在地理教学中渗透德育教育的前提是拥有较好的师生基础，学生在学习过程中，能够自愿地去汲取教师教授的知识和内容，能够使得德育教育的效果事半功倍，教师和学生之间是平等的，师生之间的交流也是平等的，然而当下大部分教师不能很好地做到这一点，所以师生之间存在相悖的理念时，教师也应该接受学生的建议意见，而不是一味地否认和质疑。

2. 充分结合课内外教学与德育教育

初中地理的内容可以大致分为两个部分，世界地理和中国地理，学生要在认识到地理基础知识、世界自然资源、世界气候与人口、地理分区等的前提条件下，进一步更加深层次地细化地了解中国的国土疆域、人口与分布、民族、气候、经济、交通、湖泊与河流、自然资源等多个方面，由此可见，初中地理教学可以根据内容的多样性采取更加丰富的教学模式，而不只是简单地将地理一些死板的理论知识强行灌输给学生，例如，针对世界地理，由于资源的有限性，教师可以采用计算机多媒体技术，在讲解世界地理时穿插视频、音频、图片等，激发学生学习兴趣，启发学生的思维，教授学生去准确地对待和认识事物的发展和转归，例如，教师可以让学生针对世界各地的自然资源、人口分布、地质风貌、民族风土等各方面特点等简单地谈论一下该地区的发展前景，以及发展过程中将遇见的难题，或者在发展过程中将会对当地的环境、地质等产生什么样的影响，在引导学生思维拓展的同时，能够站在一个更加客观、成熟的角度去分析问题，更好地培养学生看待问题的全面性和理性认知，能够良好地剖析事物发展的两面性，能够良好地促进学生辩证思维能力的成长，用一种发展的、长远的眼光理智且客观去辨证，而不是教师说什么就是什么，学生缺乏自己的思考，将听将信。

此外，对于中国地理的讲解时，更加要注重德育教育理念的渗透，教师在教学过程中，要抓住重点，充分展现"人地和谐"的教育理念，在激发学生民族感和自豪感的同时，也要引出学生的危机意识。此外，教师还可以积极开展一些实践活动，如一些社会调查活动，比如在对地区人口调查时，教师可以安排学生在小范围内进行社会实践调查，就当地的人口组成、年龄结构、现存问题等进行调查，让同学们"走到群众中"去，充分了解我国国情，一方面培养学生的独立思考、交流表达能力；另一方面能够更好地帮助学生拓展视野、开拓思维，能够不拘泥于书本知识。

3. 充分培养学生责任感和主人翁意识

随着我国经济的发展，人们生活质量普遍提高，新生一代似乎大部分都少了一份吃苦耐劳的精神，也少了坚持不懈的韧性，在父母的细心呵护下长大，进而满足于父母所创造的优渥的家庭条件，没有明确的奋斗目标，缺乏责任感。大部分学生缺乏积极的学习态度，听之任之，当教师在讲解一些与国家、与民族利益密切相关的事情时，都以一副旁观者的姿态，丝毫没有意识到自己也是利益取舍中的一分子，对一些国家的大事，都表现出漠不关心的态度，没有丝毫的民族意识和使命感、责任感。所以，在地理教学中，教师更应该注重对学生世界观、人生观、价值观的教育，培养学生的责任感和主人翁意识。首先，教师在授课过程中，要充分利用教学工具增加学生的代入感和共鸣感，增加一些比较积极向上的历史故事作为点缀，例如，教师在讲解有关区域地理时，可以带入一些在中国历史上有哪些领土曾经被西方列强占领，有哪些领土至今依旧没有被收回，利用国家民族的荣辱感来对学生进行教育，进而引出当下一些我国面临的危机，利用国情来培养学生的爱国情怀。比如当下中国依旧处于发展中国家，同发达国家相比，综合国力还有待提高，学生作为国家组成的一分子，也需要贡献自己的一份力量，以此激发学生的责任感和民族意识，培养学生刻苦学习，励志成才的目标，鼓励学生学习前人坚持不懈、爱国爱民的优秀品质。

4. 针对环境问题所展开的辩证思维培养

市场经济的迅速发展所付出的代价正在逐步地凸显出来，天灾发生的频率越来越大，环境正在对人们的所作所为做出惩罚，如果不能加以控制和管理，情况将会愈演愈烈。地球上的土壤、水质、空气等都遭到了严重破坏，所以人们不能再把发展与环境两个理念放在对立面来考虑，习近平关于保护环境中的十个精妙论述：绿水青山就是金山银山，而绿水青山与金山银山不是相互对立的，保护环境就是保护生产力，所以要加强生态文明建设，划定生态保护红线，为可持续发展留足课件，为子孙后代留下天蓝地绿水清的家园。是的，生态环境没有替代品，这一点与学生们的生活息息相关，所以初中地理教师在讲解与当下环境有关的这一板块时，例如，《水资源》一节中，学生身边肯定就会有很多类似于水资源污染与治理的案例，教师要鼓励学生通过收集资料，调查研究，帮助学生养成有意识地去爱护环境的好习惯。对环境的爱护是功在当代、利在千秋的事情，然而还是依旧有很多人意识不到这一点，在利益的驱使下依旧对环境问题视而不见。教师在教学过程中，必须要是学生充分认识到人类、环境、资源三者之间的辩证关系，树立坚定的环保意识，并且能够从我做起，从小事做起。

总而言之，初中地理教学是教师开展德育教育的有效途径之一，教师在开展德育教育的过程中，只要能够始终秉持着"以学生为本"的教育理念，"传道和立德树人"，给学生传播正确的、积极向上的思想观念，做好学生成长道路上的摆渡人，就一定能够对学生的成长成才有所帮助！

参考文献

[1] 王红 . 如何在初中地理学科教学中渗透德育教育 [J]. 科学大众（科学教育），2018（06）：25.

[2] 兰贺花 . 浅谈初中地理教学中的德育教育 [J]. 学周刊，2015（14）：64.

[3] 吕春亮 . 浅谈初中地理教学中的德育渗透 [J]. 学周刊，2015（02）：75.

[4] 陈晖 . 浅谈怎样增强初中地理课堂德育实效性 [J]. 佳木斯教育学院学报，2013（12）：279-280.

[5] 薛淑媛 . 浅析如何在初中地理教学中渗透德育教育 [J]. 现代交际，2013（06）：169.

浅谈初中地理教学中如何激发学生的学习兴趣

王友波

【摘　要】　随着新课标改革工作的不断深入，我国对各个学科的教学方法有了新的要求与标准。而地理作为一门知识量较为庞大的学科，就更需要教师合理运用教学手段进行教学。然而目前部分地理教师受传统教育观念影响，仍以填鸭式教育为主要教学方式，与新课标改革的要求背道而驰，不利于调动学生的学习兴趣，无法很好地提高学生学习水平。因此本文以初中地理教学为例，探讨如何在初中地理教学中激发学生的学习兴趣，促进学生的各方面发展。

【关键词】　初中；地理教学；学习兴趣

俗话说"兴趣是最好的教师"，由此可见兴趣对人的重要性了。培养学生对各个学科的学习兴趣是提高学生学习成绩的一种最有效的手段，学生只有具备一定的学习兴趣，才能更加深入地学习知识。从教育心理学来说，学习兴趣是指一个人倾向于认识、研究而获得某种知识的心理特征，它是可以不断推动人们去主动获得知识的一种思维能力。当学生对某一学科有兴趣时，自然就会持续地专心致志地钻研它，学习成绩也就得到了提高。学习兴趣可以划分为四个部分，分别是直接兴趣、间接兴趣、个体兴趣与情境兴趣。学习兴趣的发展过程则分为三个阶段：初级阶段——有趣，中级阶段——兴趣，高级阶段——志趣。兴趣并不是固定存在的，它是可以通过后天的培养而产生的。因此初中地理教师要积极采取各种教学手段，培养学生的学习兴趣，从而激发学生的学习热情，提高学生的学习水平。

一、目前初中地理教学中存在的问题

1. 教师教学内容存在局限性

目前初中地理教学中存在许多问题，不利于教师教学工作的深入开展。首先是初中地理教师的教学内容存在一定的局限性，不利于拓展学生的思维能力。目前初中地理教师过分依赖教材进行教学工作。教材虽然是教师教学中的重要组成部分，对学生的发展有着一定的推动作用。但许多初中地理教师却只是依赖教材内容而没有进行创新，将学生局限于固定的框架之中，无法调动学生的学习兴趣。目前的地理教材更新速度较慢，因此学生学习的教材内容与时代的发展有一定的偏差，教师如果没有结合时代发展，对教材内容进行调整，那么很可能让学生学习到错误的地理知识，不利于学生的后续发展，是极其严重的。同时教师只依赖于教材进行教学，而教材内容是固定的，学生接触同样的学习内容，不仅不会产生学习兴趣，久而久之学生还会对初中地理学习产生厌烦心理，导致初中地理教师的教学工作无法继续开展下去。

2. 教师教学方法老旧、过时

初中地理教师的教学方法老旧、过时也是阻碍学生学习水平提高的重要因素。目前初中地理教师仍采取填鸭式教学手段，在教学中以自我为中心，将自身对于地理知识的理解强加在学生身上，忽视了学生对知识的理解与看法。教师在教学过程中普遍运用黑板、粉笔以及口头交流进行地理教学，而地理知识较为抽象，这种传统的教学模式不能很好地让学生理解与学习，并且让地理知识变得更为枯燥了，这就使学生在这种教学环境中丧失了对地理学习的兴趣。当前社会需要的应该是素质教育，而不是应试教育。然而教师的教学方法明显还具有应试教育的特点，这种传统的教学模式应用于学生身上，只会让学生成为考试的机器，缺乏自我思考能力和思维能力，是不利于学生的后续学习的。

3. 学校的支持力度不足

目前学校对初中地理教学的支持力度不足，降低了初中地理教师的教学效率与教学质量。学校领导对初中地理教学没有予以足够的重视，提供的教学场地也只是普通的一间教室而已，并没有依照地理学科的特点，为其提供相应的基础设施及高科技设备等。致使初中地理教师只能依靠教室进行教学工作的开展，不能真正地对地理知识进行更为细致与科学的讲解，学生也就无法体会到地理这门学科蕴含的真正魅力了。同时学校对地理教师队伍的建设也较为缺乏，初中地理教师自身素养较低，无法满足时代的需要，因此无法很好地促进学生的各方面发展，同时初中地理教师也普遍短缺，数量十分稀少，往往一个初中地理教师就要负责好几个班级的地理教学工作，既降低了教师的教学效率，更加重了教师的工作负担，不利于教师的身心健康。

二、初中地理教学中激发学生学习兴趣的具体措施

1. 采取游戏教学

初中的同学们年纪较小，还处于活泼好动、好奇心重的阶段，喜欢各种娱乐游戏来丰富自己的日常生活，因此初中地理教师要牢牢把握住学生的这个特性，根据地理学科的教学大纲，将教学内容和生动有趣的游戏结合起来进行教学，使课堂氛围变得活跃起来，充分调动学生的学习兴趣和学习积极性。例如，初中地理教师在教授中国地图的相关知识时，就可以开展你画我猜的游戏，教师先将我国各个省份进行拆分，让学生对其有个基本印象，然后教师在黑板上随机画出一个省份的轮廓，让学生来猜。在这种游戏中，学生就会有一种紧张感和刺激感，在游戏中提高了记忆能力，对中国地图也有了更为深入的理解。而初中地理教师在教授气候特征时，就可以将其组合成谜语的形式，来进行猜谜语教学，这样学生在进行猜谜语的过程中既收获到了快乐，又对各个气候特征进行了二次学习，

为接下来的地理学习打下坚实的基础。总而言之，初中地理教师在进行地理教学时，不能重复选择一种游戏进行教学，而要将多种游戏进行组合运用，使学生始终保持新鲜感，教师选择的游戏的形式也要简单明了，能够与教学内容相结合，从而更好地运用在课堂教学之中，发挥它真正的作用，使学生在不断的游戏教学中不断进行独立思考，在思考中完成游戏，收获到了内心的满足，也促进了自身各方面的发展。

2. 借助现代科学技术进行教学

现代科学技术能够使教师的教学工作事半功倍，因此初中地理教师要合理运用现代科学技术进行地理教学。目前比较普遍运用于课堂教学的是多媒体技术，因此初中地理教师可以借助多媒体技术，将地理知识转变成图文、视频、音乐的形式展现在学生面前，增加地理知识的趣味性与可读性。例如，初中地理教师在进行洋流知识的教学时，可以将其制作成具有一定故事情节，画面丰富、色彩饱满的漫画，来进行欣赏学习，这样学生就会认真阅读，提高对洋流知识的理解。然后初中地理教师可以播放一段与之相适应的视频、音频等，使学生在视觉与听觉的双重影响下，更直观地体会到洋流的本质内容，从而提高自身的学习水平。此外，教师还可以借助网络教学平台进行地理教学的延伸，教师可以让学生在网络教学平台观看各种各样的教学资源，让学生可以在不同的差异性学习之中找到最适合自己的，并且更认真地学习下去。在网络教学平台，教师和学生可以更加随意地进行互动，进行学习、生活等各方面的交流，而不用受到时间、空间等多方面的限制，使学生随时随地都可以进行学习，从而在不断的互动之中，教师对学生的实际更为了解了，学生也在互动之中学到了各种各样的知识，拓展自己的知识量，更有兴趣进行更深入的地理学习之中。

3. 借助小组合作学习进行教学

小组合作学习模式是调动学生学习兴趣的一个有效途径，因此初中地理教师可以充分利用小组合作模式进行地理教学。初中地理教师要以班级为单位，依照学生的学习基础、兴趣爱好、性格特点等，在尊重学生意愿的基础上分成若干个小组，进行学习与交流。例如，初中地理教师在教授有关北美洲的相关知识时，可以让学生组成小组，进行自由讨论，这样学生就可以通过讨论学习，既培养了合作意识，又在讨论中学习到了北美洲的相关知识，这也极大地节省了初中地理教师的教学时间与精力，教师可以把重点放在后续的教学工作上。教师还可以运用小组合作学习进行教学比赛，利用学生们的竞争意识，激发学生们的学习兴趣和学习积极性，这样学生就会认真进行小组合作，每个人分工合作，合理分配学习任务，并对地理知识进行讨论交流，从而在各种思维碰撞中提高了自己的独立思考能力，更解决了学习问题。在小组合作学习之后，初中地理教师还要对每个小组进行合理评价，不仅要对各个小组的总体评价，还要对小组中的每个成员都做出评价，让学生认识自己的优点与缺点，从而更有方向进行后续的地理学习，教师还可以依据评价对表现优异的同学予以一定的激励，如学习用具、奖状等奖励，从而培养学生的学习自信心。

4.教学内容紧贴学生实际

初中地理教师在教学内容的设置上也要紧贴学生实际，从而引起学生的情感共鸣，提高教师的教学效果。初中地理教师可以事先调查学生们日常生活中常常见到的事物，并将这些事物融入课堂教学之中。例如初中地理教师在教授中国的自然环境这部分知识时，就可以结合当地自然环境，将这些知识结合在课堂教学之中，从而让学生对教学内容更为熟悉和贴切。必要时，初中地理教师还可以将同学们常见的事物直接带入课堂，让学生直接进行面对面学习，更深入地了解相关地理知识。例如初中地理教师在教授居民的聚落这部分知识时，可以将同学所了解，并见到的聚落制作成相应的模型，带入课堂，让学生们直接对这些模型进行学习，并结合教师所教授的课堂知识进行拆分重组，更加了解不同聚落的结构、特点等，从而对教师所教授的知识也就能够理解得更加透彻了。初中地理教师的教学内容还要与社会动态相同步，及时修改教学内容中已经过时的部分，在教学中结合社会热点，让学生在学习中能够对社会变化更加了解，成为一名新时代的优秀中学生。

5. 构建和谐师生关系

一个轻松、愉悦的学习环境对提高教师教学效率，促进学生各方面发展有着重要的推动作用。因此初中地理教师要采取多种教学手段，努力构建一个和谐的师生关系，不仅要成为学生们的好教师，更要成为他们的知心朋友。因此初中地理教师要在课堂教学中给予学生无微不至的关注，及时解决学生的学习问题，引导学生不断进步。并且初中地理教师还要关注学生们的思想变化、日常生活等，初中生正处于各方面都在发展的阶段，对外界的抵抗力较低，常常出现心理问题，因此当学生们遇到日常生活中无法独立解决的问题时，初中地理教师要及时进行心理辅导，运用地理的相关知识帮助学生解决问题。久而久之学生就会对教师产生依赖感与信任感，就会更加支持初中地理教师的教学工作，也就对地理这门学科更有学习兴趣了。初中地理教师在教学之中还要对学生经常进行激励性评价，当学生在学习中取得一定成果时，教师就可以运用"表现得很不错""继续努力""这个方法很好"等话语激励对方，从而激起学生的学习自信心，遇到表现不好的同学时，教师也不要用过于严厉的话语来批评对方，而是要心平气和地与学生进行交流，督促其改正。

三、结束语

总而言之，学习兴趣对学生的成长起着至关重要的作用，因此在 21 世纪的今天，初中地理教师要想提高自身的教学成果，就必须抛弃以往的教学观念，不断创新教学手段，在教学过程中以学生为教学主体，不断探索，努力克服当前初中地理教学中存在的问题，构建一个更加科学化、趣味化的地理教学体系，从而充分调动学生的学习兴趣和学习积极性，使学生可以在初中地理教师的教学之中既收获到快乐，又提高了自身的学习水平，最终成为一名各方面全面发展的优秀中学生。

参考文献

[1] 王涤非 . 浅谈初中地理教学中如何激发学生的学习兴趣 [J]. 学周刊，2018（11）：66−67.

[2] 杨利清 . 浅析初中地理教学中培养学生的学习兴趣 [J]. 知识经济，2018（03）：151−153.

[3] 黄丰安 . 走进生活，贴近生活，联系生活——浅析初中地理教学生活化策略的应用 [J]. 读与写（教育教学刊），2016，13（12）：122.

[4] 赵立双 . 浅析初中地理教学中学生学习兴趣的培养 [J]. 中国校外教育，2016（S1）：122.

[5] 李洁 . 新课程改革背景下如何激发初中学生的地理学习兴趣 [J]. 学周刊，2016（23）：128−129.

新课标下初中地理有效课堂教学方法探析

王友波

【摘　要】　课程标准是国家课程的基本纲领性文件，是国家对基础教育课程的基本规范和质量要求，新课标下要求教师以学生为主，重点培养具有高度科学文化素养和人文素养的人才，将课堂教学作为激发学生积极性、培养学科思维的主要途径，本文对新课标下初中地理教学的有效方法进行探讨并提出几点建议。

【关键词】　新课标；初中地理；课堂教学方法

　　初中地理对初中生来说是一门重要的课程，通过地理课程的学习让同学对当今世界人口、资源、环境等问题有大致的了解，并认识到人类发展面临的全球性问题，主动为今后世界环境的发展献计献策。因此，教师应全面推进素质教育，设计符合未来素质教育发展的地理教学课堂，以提高学生的地理技能和激发学生探究能力为目标，培养有创新能力的新型人才。

一、初中地理教学中出现的问题

　　1. 课堂枯燥，教学无效是高中地理课堂存在的普遍现象，部分地理教师以讲解书中的知识点为主，对于教材中的知识不能联系日常生活，过分拘泥于教材，没有进行适当的拓展延伸。地理课堂以老师教学生听为主，学生与老师的互动较少，老师无法了解学生对于课堂知识的掌握情况，没有形成老师发问、学生讨论的课堂氛围。

2. 部分老师的教学目的不够明确，不能全面体现素质教育的要求，初中地理教学的基本要素是让学生认识到地理及与地理有关的各种资源和自然环境现象，然而，在初中地理的教学中，教师缺乏培养学生认识地球和保护地球的意识，过分强调应试教育，存在重结论轻过程的错误现象，导致学生无法认识到地理科目学习的真正目的。

3. 教学内容分配不合理，在地理课程内容的设置侧重基础性的地理知识和技能，学生缺乏动手实践，主动思考和探索的意识。学生对于应用地理知识的认识还停留在应付考试上，缺乏对身边事物的观察和感知对地理事物的能力，无法理解地理因素之间的相互作用。

二、新课标下初中地理有效课堂教学方法

（一）培养地理学习兴趣

初中地理是一门既属于文科又偏向理科的学科，覆盖的知识面较广，需要学生具备很强的空间能力和读图能力，一些能力较差的学生在学习地理的过程中很容易失去信心，对地理学习产生恐惧的心理。这就需要教师选用适合的教学方法，合理利用多媒体技术激发学生学习地理的兴趣。

1. 创新教学方法

教师在教授知识点的过程中可以穿插一些学生感兴趣或联系学生所关心的内容来作为课堂教学的开始，如在讲《俄罗斯》这章之前，联系 2018 年世界杯在俄罗斯举办这一时事热点，老师可对同学们进行提问：2018 年的世界杯你们有看吗？你们知道 2018 年的世界杯在哪儿举办吗？学生们一致回答：俄罗斯。老师还可继续进行提问：那么有没有人能够说出俄罗斯的地理位置呢？学生们开始翻找地图，于是，很自然地就进入了该章节的学习。老师还可利用诗歌和历史故事作为课堂的导入，如讲到青藏地区时，可用诗歌《敕勒歌》中"天苍苍，野茫茫，风吹草

低见牛羊"作为例子，学生理解诗歌后就会在脑子里形成青藏地区蓝天白云，一望无际的大草原画面，接着再对学生进行提问，为何风吹草低就能见到牛羊呢？青藏地区的气候和地形是什么样的呢？通过一句诗能够让学生记住地区的特点，增加课堂趣味性的同时，减轻了学生记忆的负担，让学生轻松地学习地理。除此之外，老师还可通过相关的历史故事来辅助学生理解，例如提问学生：为什么非洲许多国家之间的边界会呈明显的几何图形呀？鼓励学生踊跃猜测，最后给出答案，造成这种疆界的划分主要是西方殖民主义者为了便于达成交易，直接在地图上用尺子划分各殖民地的边界，从而形成了非洲许多国家直线边界的特点，这样一番讲解过后，让学生明白地理与历史的联系，从而激发学生的好奇心和新鲜感，以激发学生的学习兴趣。

2. 多媒体辅助教学

计算机多媒体技术具有较强的集成性、交互性和可控性，为教学提供多种多样的功能，将此技术运用至地理教学中可以充分调动学生的感官刺激，激发他们学习的兴趣，从而使其想象力、创造力得到培养和发挥。例如在讲解大气运动冷暖气团的形成以及风的产生和运动时，由于风和气团我们日常生活中看不见也摸不着，因此，老师在解释的时候可运用多媒体播放大气运动的动图，将虚拟的东西具象化，让学生在脑中形成大气运动的概念图，以达到巩固学生记忆，增加教学的趣味性的目的。在教学过程中还可通过图片视频的形式帮助学生记忆，如在讲解《西双版纳》这一章时，老师在上课前先用多媒体播放一些西双版纳的风光，如热带、亚热带雨林风光，珍稀动物和民族文化等，再配上优美动听的民族特色音乐，让学生有一种身临其境的感受，从而加深学生对于云南的印象，达到活跃课堂气氛的效果，提高了教学的效率。

（二）地理思维的培养

1. 地理与生活相结合

新课标下要求学生主动探索知识，将知识实践于社会，要求教师以学生为主，培养学生自主能力和对身边事物的变化做出正确的判断的能力，密切课程内容与生活时代的联系。因此，在教学中要求学生培养通过报刊、电视节目、图片获得地理信息的能力，并能够对所获得的信息进行思考并运用地理知识对现象进行解释，如《地球的运动》这一节，老师可要求学生对一周的太阳进行观察，注意太阳一天中的变化轨迹，探究每天不同的时间点，太阳位置的变化规律，同学通过每天的观察会发现地球是围绕太阳转动。讲课过程中还可鼓励学生发现地理知识给我们生活带来的便利，例如太阳每天的东升西落，太阳的移动，为买房选房提供了参考依据，风水师通过地理知识对房子进行风水判断，利用这些例子来引导学生，要求他们举出其他地理知识在生活中应用的例子，让学生认识到学习地理的重要性，同时，也培养他们观察身边事物的习惯和利用地理知识服务于社会生活的能力。

2. 地理解题能力的培养

地理思维在地理教学中起到重要的作用，为学生提供多种看问题的角度，有助于提高学生的地理解题能力，这就要求教师课堂上对学生注重对学生地理解题思维的培养。

首先，在解题过程中，地理知识储备的多少对解题造成直接影响，老师要让学生明确学习的目标和重点，并利用例题检验同学的知识掌握情况加深他们的记忆。在地理要点的记忆上，老师应引导学生发现适合的记忆方式，灵活记忆，在此过程中可告诉学生一些记忆口诀，如大洋洲地形特点的记忆口诀：面积小，分两区，一大陆，二岛屿。大陆东西高，中间是盆地。除此之外，教师还可巧设比喻，如将足球强国意大利的主轮廓图形看作一只长筒靴，将非洲的轮廓比喻成一把火炬，将可可西里比作一只足球……老师提供记忆方法后，学生也可尽情发挥想象，研究有效的记忆方法。老师还要求学生对地理知识点进行梳理，并整理成框架图进行记忆。

其次，让学生形成地图思维，学会看地图和描绘地图，地图被称为地理的眼睛，在中学阶段让学生接触各类地图，有助于开发学生大脑潜力，提高学生看图能力，开拓学生的思维，如学生在读地中海气候柱状图时，先让学生观察气温和降水在冬季和夏季的区别，让学生归纳出地中海气候的特点，在分析总结的过程中学生不但能加深对地中海气候特点的记忆，而且也为阅读其他气候类型图积累经验和方法。地图思维的培养不光光是看图，还要求学生会画图，老师可以一学期举办一次地图绘制比赛，如让学生画出中国区域图、世界地图、小地球仪，举办这样的比赛可激发同学们的兴趣，学生也能在画图的过程中潜移默化地对地图内容进行记忆。此外，还要引导学生构建"心理地图"，就是将各类的地理事物的空间分布在脑中呈现，并学会利用地图提高解题效率。

最后，联想类比能力的培养，由于地理学研究的范围广，事物繁杂，学生缺乏对知识体系的构建，导致学生出现知识点太多，太难记的情绪，因此教师对学生做出积极有效的引导，培养他们联想类比的能力。虽然地理现象千差万别，但它还有共同的一面，就是各个地区所处的经纬度、海陆位置，以及地形因素决定着该地的各种自然地理现象，进而制约各种人文因素的构成。如在讲解美国田纳西河的开发和利用这道题时，可以联想类比黑龙江、黄河等学生熟悉的地区，对比其中的差别，将所学的知识迁移运用至这一题。

（三）开展户外课堂

《义务教育地理课程标准》规定："地理课堂要着眼于学生创新意识和实践能力的培养，充分重视校内外课程资源的开发利用，着力拓宽学习空间，倡导多样的地理学习方式，鼓励学生自主学习、合作交流、积极探究。"活动课的开展能够有效提高学生探究学习和交流能力，激发学生兴趣，活动课的设计应侧重于如何让学生参与到活动中并从活动中得到启发。

1.明确选题，找到重点

活动课堂的主题的选择应以课本为主，根据教学目标制定教学活动环节，选择灵活开放的章节作为教学活动的内容，活动要具有思想性、科学性、趣味性、针对性和实践性，同时还要考虑到题目的层次性，以便于学生在老师的引导下学会由表及里地剖析问题。确定选题后还要制定明确的活动方案，例如在学习水资这一课题时，老师可发布任务让学生们探讨我国水资源的现状和解决方案，活动要求学生以小组合作的形式通过上网、实地考察、询问专家等多种途径收集我国水资源的信息并对信息进行整理，以小组汇报的形式在课堂上汇报。

2. 加强指导，引发讨论

在教学活动过程中，学生所归纳的结论和信息可能存在错误，因此，老师应起到引导帮助学生的作用，对全部学生都怀着希望，使每个学生都能积极参与到活动中，鼓励学生发表自己的意见和看法，如七年级上册《世界人口的问题》"活动"《一个国家是不是人口越少越有利于经济发展？》，七年级下册《巴西》"活动"《面对砍伐热带雨林现象，不同的人有不同的观点。你赞同谁的说法？为什么？》，八年级上册第 45 页"活动"《以"保护洞庭湖生态环境"为题，举行一场辩论会》，八年级下册《交通运输业》第 20 页"活动"《有人说，"要致富，先修路"，"火车一响，黄金万两"。这些话说明了什么道理？》，学生在讨论中逐步形成自己的看法，加深对地理知识的理解，提高学生的思维和表达能力。

3. 户外课堂，动手实践

活动课堂不仅需要学生收集资料，思考问题，活动的形式还可以带领学生进行野外课堂的实践，这是一种全新的课堂模式，带领学生走出教室看看山川河流，让学生对等高线有深刻的认识，感受大自然的魅力，让学生在欣赏大自然的一草一木时能够发现其中暗藏的地理知识。此外，培养学生的动手能力，能够加深学生对地理知识的理解，如指导学生做等高线地形模型，做出山顶、山脊、山谷、鞍部、陡崖，带领学生测绘学校平面图，既突破了地理知识难点，又培养了学生地理动手实践的能力。

综上所述，新课标下初中地理课堂教学方式的创新，多媒体技术的运用，户外课堂的开展，在一定程度上激发了学生的积极性和学习地理的热情，鼓励学生进行独立思考，培养学生主动思考和实践能力，让学生认识到地理学习造福世界的重要性，唤醒学生爱护地球保护环境的责任感，也为资源的可持续发展献计献策。在今后的课堂教学中，老师应不断改进教学方式，积极响应新课改的发展策略，学生也要努力配合老师的教学，共同营造一个积极的课堂环境。

参考文献

[1] 沈清艳．新课标下初中地理"活动"栏目的教学探讨 [J]．教育现代化，2017（25）．

[2] 李强．新课标下初中地理有效课堂教学方法探析 [J]．读与写（教育教学刊），2015（09）．

[3] 梁会成．初中地理课堂生活化教学浅析 [J]．科学大众（科学教育），2015（03）．

[4] 张东霞．浅析初中地理教学生活化 [J]．中国校外教育，2015（12）．

[5] 姜开亮．3DS MAX 技术在初中地理教学中的应用模式分析 [J]．中国教育技术装备，2016（13）．

第二编

一群人多年教学及管理的经验

——观点·建议

努力让每个孩子享有公平而有质量的教育

贵州省黔南州惠水县城关第一小学校　龙梅

【摘　要】　2017年10月18日，习近平总书记在中国共产党第十九次全国代表大会上做了题为《决胜全面建成小康社会，夺取新时代中国特色社会主义伟大胜利》的报告，文中提出的"努力让每个孩子享有公平而有质量的教育"引发了笔者的思考。作为一名中共党员、教育工作者，应如何立足本职，做好教书育人工作，满足人民对美好教育的向往呢？首先，应理解何谓公平，思考教育如何做到公平。其次，理解何谓"有质量"，思考教育的质量如何实现。

【关键词】　十九大；教育；公平；有质量

2017年10月18日，中国共产党第十九次全国代表大会在北京顺利召开，习近平总书记代表第十八届中央委员会向大会做了报告。10月27日，习近平总书记在十九届中共中央政治局第一次集体学习中强调，为贯彻落实党的十九大精神，在新时代坚持和发展中国特色社会主义，全党要来一次大学习。他指出，学习宣传贯彻党的十九大精神是全党全国当前和今后一个时期的首要政治任务，大家要在学懂上下功夫、在弄通上下功夫、在做实上下功夫。基于这3个"下功夫"，全国上下迅速掀起了学习热潮。通过对十九大报告全文的学习，习近平总书记提出的"努力让每个孩子享有公平而有质量的教育"引发了笔者的思考。作为一名中共党员、教育工作者，应如何立足本职，做好教书育人工作，满足人民对美好教育的向往呢？

首先，理解何谓公平，思考教育如何做到公平。

现代汉语词典是这样描述公平的："公平"指不偏不倚。"公"为公正、合理，能获得广泛的支持；平指平等、平均。

教育的公平是什么？如何得到体现呢？笔者认为，教育公平主要体现在学生受教育的权利、享受的硬件设施和享有的师资力量等方面较为平均。党的十八大把教育放在了改善民生和加强社会建设之首，明确提出教育是民族振兴和社会进步的基石，要"均衡发展九年义务教育"，要"大力推进教育公平"，体现了党中央对教育事业的高度重视和推进义务教育均衡发展的坚定决心。通过一系列有效机制，逐步缩小区域、城乡、校际差距。统筹城乡义务教育资源均衡配置，实行公办学校标准化建设，较好地促进教育事业科学发展，为努力办好人民满意的教育注入了强大动力，提供了前所未有的历史机遇。笔者所在的学校就是义务教育均衡发展的受益者，目前，优美校园建设已经完成，校园修缮一新，铺设了运动场，增添了运动设备，窗明几净，绿树与鲜花相映，师生的工作、学习环境有了较大改善；拆除重建的新教学楼增添了一些必备的功能室，完全满足师生的教学需求；真正实现"班班通"，通过信息化手段辅助教学，较好地激发学生的学习兴趣，把教学活动变得更加直观、具体、有趣；录播室的建设，使"一师一优课"变得触手可及，教师更好地学习先进的课堂教学艺术，并更加自信地展示自己的教学技能；网络互动课堂的开设，架起了与边远民族学校的桥梁，两地的孩子同听一堂课，切实做到生生互动、师生互动，共享优质的教育资源，真正把教育扶贫工作落实到日常教学当中。

继十八大的教育改革红利之后，身处新时代中的我们，又该如何立足岗位，以满足广大人民群众对美好教育的需求，继续实现教育的均衡发展呢？

1. 继续缩小城乡、区域、校际间的差距，有效实现均衡发展。

广大人民群众对美好教育的需求已经从"有学上"转变为"上好学"，从前大家只满足于不让一个孩子辍学，但如今应更多地思考，如何才能让每个人获得不同的发展。正是因为老百姓对"上好学"的渴求，造成一些优质学校被挤破门，大班额现状堪忧，而另一部分乡村学校则自然消失。因此，只有不断努力缩小城乡、区域、校际间硬件设施、师资力量、办学水平之间的差距，方能真正化解择校难、大班额现象，满足老百姓对美好教育的向往。硬件设施的建设需要财政持续投入，师资力量、管理水平的差距可以通过建立集团化办学、支教、交流等方式，有效实现管理人员和教师的交流互动，不断缩小软实力间的差距。

2. 免试就近入学，满足群众的就读需求。

本着就近入学的原则，各校应按上级部门划定的区域招生，只要是满足入学条件的适龄儿童，均免试入学。

3. 均衡分班，学生、师资合理搭配。

学校不设重点班、快慢班，将所有学生均衡编班，师资力量合理搭配，为各班的均衡发展奠定基础。不歧视外来经商人员和进城务工人员子女，将其统一划分到班级。

4. 教育教学管理公平。

学校对全体学生一视同仁，关心每个班级、每个孩子的发展，重点关注一些弱势群体子女，如建档立卡贫困户、低保户、易地搬迁户子女，孤儿、残疾儿童、留守儿童等，让他们也能像普通孩子一样享受优质的教育资源。任课教师公平公正对待每一个学生，不歧视、不排挤学习困难学生，尽心尽力，让每个孩子进得来、留得住、学得好。

其次，理解何谓"有质量"，思考教育的质量如何实现。

汉语词典对"质量"描述为：产品或工作的优劣程度。在我看来，教育的"有质量"即学生通过学校教育，成为一个全面发展的人。

习近平总书记提出："教育为谁培养人？培养什么样的人？怎样培养人？"这些问题全体教育人都应该认真思考。教育是培养担当民族复兴大任的时代新人，培养出来的人必须能为国家、为社会做出应有的贡献，这就是要求教育要办出质量，要培养全面发展的中国特色社会主义事业的建设者和接班人。

1. 夯实基础知识，让学习有质量。

学生进入学校，首要任务就是学习。因此，学校教育坚持立德树人，努力让孩子愉快习得知识，夯实文化基础，是体现教育教学质量的先决条件。而这一切，与教师的个人素养、专业能力密不可分，只有不断加强教师的师德师风建设，着力提高教师的从业水平和专业素养，力争向 40 分钟要质量，方能夯实学生的基础知识。

2. 注重能力培养，让素养有质量。

习近平总书记在报告中明确指出，国民教育要以培养担当民族复兴大任的时代新人为着眼点，强化教育引导、实践养成、制度保障，把社会主义核心价值观转化为人们的情感认同和行为习惯。因此，培养学生的能力素养要以践行社会主义核心价值观为推手。

学校教育除了以国家课程为核心，夯实学生文化基础知识之外，还需通过开发拓展课程，开展主题活动、社团活动，推行课外阅读等方式，拓宽孩子学习面，让孩子们具有人文底蕴、科学精神，学会学习、健康生活，有责任担当，勇于实践创新。学校要通过推行"书香校园"建设，引导全体师生深入学习挖掘中国传统文化中的思想观念、人文精神、道德规范，结合学生年龄特点继承创新，让中华文化展现出永久魅力和时代风采。

3. 发挥家校合力，让育人有质量。

习近平总书记在报告中指出，培育和践行社会主义核心价值观要"坚持全民行动、干部带头，从家庭做起，从娃娃抓起"。教育从来就不单纯是学校、教师的工作，而应该是社会、家庭、学校三位一体的共同责任。因此，要想培养全面发展、对社会有用的高质量人才，必须要联合社会、家庭的力量，共同承担育人职责。

学校教育的过程中，可诚邀部分有教育热情、有特长爱好的家长到学校开展义教工作，既拓宽孩子们的知识面，又弥补了学校师资力量的不足，还能增进家校情感。还可以由家委会组织开展社会实践活动，丰富孩子的课余生活，让他们有更多的机会接触社会，了解校园和家庭以外的生活空间。这些活动还利于增进亲子关系，密切家长间的交流。除此之外，可通过建立"家长学校"，让更多的家长通过学习，知道怎样科学合理地施行家庭教育，形成良好的家教氛围，更加利于家校沟通，形成合力，共商育人良策，达到理想的育人效果。

"努力让每个孩子享有公平而有质量的教育"应该成为每位教育人内心的自我叩问。使命呼唤担当，使命引领未来，我们只有紧密团结在党中央周围，锐意进取，埋头苦干，不忘初心，牢记使命，方可谱写教育的美丽华章，方能满足广大人民群众对美好教育的向往。让我们迎着十九大的光辉，携手前行，共创优质教育，为国家、为社会、为人民培养好全面发展的社会主义事业建设者和接班人！

参考文献

[1]《党的十九大报告》
[2]《现代汉语词典》

振兴乡村教育之我见

贵州省惠水县王佑中学　苏大敏

随着中国经济的高速发展，随着打工潮越来越盛行，随着中国义务教育适龄儿童逐年递减（至少在人口高峰期达到顶峰之后的这几年），乡村里出现的留守现象已经成为影响乡村热络的主要因素。因此，昔日热闹非凡的乡村学校也在这几年慢慢变得冷清，或者正在变得慢慢冷清。留守老人和留守孩子成为乡村村寨生命力的点缀。如何振兴乡村教育，让社会现实中的矛盾与义务教育均衡发展相得益彰，这是如今乡村教育必须思考的问题。

出现乡村教育衰微的原因分析：

学生人数的减少。在农村，昔日学生人数能达到二三百人的学校，如今已经只剩下几十甚至是十几个学生，如果这样的学校依旧要保留，就很难保证师资上的充裕与优质。按照义务教育均衡发展的师生比，小学的为 1∶20 计，一个学校最多有一个到两个老师就足够了。但是一旦一个学校只有一个或两个老师，教师的学科配备上就很难得到优质或均衡。

形成学生减少的原因有哪些呢？

1. 适龄儿童人口基数正在逐步缩减，这是主要因素。中国的适龄入学儿童人口高峰期在 20 世纪末 21 世纪初达到顶峰，之后出现缓慢的回落。正好处于人口高峰期的回落时期，所以很多农村村级小学的适龄儿童正在逐步减少。

2. 外出务工人员带子女外出就读，这也是学生缩减的原因之一。

3.部分条件好的家庭将子女送到城里学校或镇里学校就读,造成了乡村学校学生人数缩减。

由下表可以看出,从 2014 年至 2017 年,除摆金镇以外(摆金镇因为撤并后并入了鸭绒与甲烈乡,所以所辖范围增大),其他乡镇小学学生人数都在处于递减阶段。学生外出学习大体与 2000 年至 2013 年持平,说明适龄学生数正在减少。

2014—2017 年惠水县边远乡镇小学生人数及学校撤并情况变化对照表

乡镇	2014 年小学生人数	2017 年小学生人数	2014 年撤并校点前小学所数	2017 年撤并校点后小学所数
王佑镇	1840	1541	12	7
断杉镇	4700	4000	12	6
芦山镇	1800	1200	14	5
雅水镇	2281	1919	18	10
羡塘镇	2400	1350	10	7
摆金镇	5400	5800	16	12

从撤并上看,因为大部分村级小学(教学点)学生数下降,为了整合教师资源,故将部分村级小学撤并。根据了解得知,撤并前,部分村级小学已经不足 30 名学生,个别年级学生人数在 8 至 20 人不等。因此,如果继续保留教学点,就会形成教师资源上的浪费,折射出来的是学科教师配备不齐,教师专业素养不均衡等矛盾。

其二,乡村教育退化的另一因素是优质师资配备不均衡的矛盾。

早在 20 世纪 80 年代到 21 世纪初,乡村学校中的村级小学学生少的有 100 来人,多的学校可以达 300 来人。这时,乡村教师配备虽然不是很充裕和合理,但在 20 世纪末的这个阶段,教育信息化和教育现代化的要求没有现在这么明显,所以当时老师的专业素养也基本能达到当时教育教学的要求。

其三,因为受办学条件的限制、受到师资配备的限制,当时可以允许有大班额的存在。虽然教育教学硬件设施简陋，但也基本能满足当时的办学要求。

其四，在教育信息化高度普及的时期，学校对教师的专业素养提出了更高的要求，因此，一些年龄比较大的老师的现代科技教学手段非常缺乏，老师的专业素养与时代要求有很大的差距，许多农村的教师又缺少外出学习的机会，因此，农村年龄比较大的老师在信息技术应用上的欠缺造成了优质师资上的匮乏。

其五，由于村级学校地处偏僻，环境艰苦，在老教师逐步退休之后，新教师没有得到及时合理补充，很多年轻教师都不愿意到偏远的乡村工作，凸显了师资配备不是很均衡和学科配备不是很合理的现状就在所难免。没有优质的教师资源，加上乡村学生人数的减少，村级学校的颓势也就在预想之中。

其六，在乡村学校学生锐减的情况下，乡村学校的基础设施建设也在逐步淡化。教育行政主管部门在学生锐减的乡村学校，没有再投入更大的资金加强乡村学校基础设施建设，而是将经费集中到乡镇中心学校，强化中心学校的办学能力与办学条件，这也是符合时代发展之要求。因此，乡村教育的衰微，关键还是和学生人数递减有关。

如何提升乡村教育的办学质量，让身处农村的学生享受到优质的教育，这是今后一段时间里必须思考的问题。

鉴于现在学生人数、师资结构和配比的实际情况，再谈村级学校教育的振兴难度会更大，如何做到既不影响孩子们接受优质的教育资源，又不使乡镇中心学校的教育没落？这是目前农村地区学校面临的社会矛盾。

要振兴乡村教育，就必须加强乡村中心学校教育办学水平，推动地区教育的高效发展。

一、强化乡镇中心学校的优质教育

中心学校，承载着本乡镇的教育主要任务，以原未撤并时的社区为中心，完善中心校的师资及基础设施设备，带动本地区教育的发展，整合教育优质资源集中办学，尽量减轻老百姓的经济负担。

1. 大力修建学生宿舍。每一个原乡镇（现在的社区），完善中心校的寄宿制建设。使本社区的中心校能满足本社区的孩子寄宿就学，这样就达到了集中优质教师资源办学的目的。

2. 大力补充寄宿制学校的专业化宿管老师或生活老师，用专业化的服务意识和态度为寄宿学生服务。中心学校根据学校规模的大小，配备相应人数的具有比较高专业化素养的生活老师，专门为寄宿制学生服务。这部分老师的工作内容包含帮助学生洗衣服、洗床被、监督学生养成良好的行为习惯等，借此达到落后地区学生享受优质教育教学资源的目标，实现真正的教育均衡发展。

3. 学校加强教师专业化素养学习，提高教师的教育教学能力与技巧，提高学校的教育教学质量。

二、学生上学的安全及后期所要努力的方向

1. 学生家长每周一接一送的工作。寄宿制学生家长每周接送一次孩子，表面上加大了家长的工作量，实则是减轻了家长的工作量，原因在于孩子如果每天回家，家长需要对孩子的生活起居及吃饭问题忙碌，学生一旦住宿，就免去了这些烦琐的工作，甚至孩子的个人卫生，家长都不需要考虑，这样一来，将每周一次的一接一送换回五天的闲暇，在总工作量上得到了减轻。

2. 现在落后地区的留守儿童所占比例较高，学生寄宿学习，也给留守老人减轻照顾孩子的负担。

3. 条件成熟的地区，可以考虑校车接送孩子，学生上学的安全得到保障。

4. 寄宿制隔离了孩子与家长的亲情纽带情形的得失。在农村地区，大部分孩子都是留守儿童，留守比例在 54% 左右，从留守比例上看，即便不寄宿学校，大部分孩子也没机会跟父母在一起生活，因此，因为寄宿而阻断了孩子与父母的亲情沟通之说已经不再是主要矛盾。对于那些不是留守儿童的学生，每周一次回家

与家长沟通，足以为家长和孩子的交流提供足够的时间。

　　要振兴乡村教育，需要全社会对落后地区有一个共同的认识，无论在基础设施建设上还是在师资的配备上，都要好好深化调整，让学校教育教学设施设备、师资力量等符合当下教育发展的需要。农村本来就是经济发展薄弱的地区，也是当下扶贫工作最严峻的地区，只有从思想上对落后地区学生的智育进行强有力的扶贫，使学生在文化知识乃至信息技术等方面，缩小与城市孩子的差距，才是振兴乡村教育的根本。

抓实校本研修，助推教师发展

贵州省黔南州惠水县城关第一小学校　龙梅

【摘　要】　校本研修，是提高教师解决教学问题能力，提升教师专业素养最便捷、最有效、最经济的途径。为了能将此项工作抓好落实，抓出成效，学校应该将它放到常规管理工作之中。通过组建教研组、培养教研组长，开展形式多样的校本教研、校本培训，力求在专家引领、同伴互助、自我修炼的基础上不断提升教师的专业素养，促进教师的个人成长。校本研修的扎实开展，必将为学校打造出一支卓越的教师队伍，实现真正意义上的优质教育。

【关键词】　校本；研修；教师；发展

百年大计，教育为本；教育大计，教师为本。2018 年，中共中央、国务院印发的《关于全面深化新时代教师队伍建设改革的意见》中明确指出，坚持兴国必先强师，要加强师德师风建设，振兴教师教育，不断提升教师专业素养。"教育的品质由教师决定"，实现优质教育的前提，首要任务就是抓好教师队伍建设，而校本研修，正是提高教师解决教学问题，实现个人专业成长的有效途径。如何抓好校本研修，将"以校为本"的校本教研、校本培训真正落到实处，助推教师专业发展，打造一支卓越的教师队伍，有效实现优质教育呢？笔者认为，可尝试从以下几方面加以努力。

一、组建教研组，实现同伴互助

学校开展校本教研，其目的就是通过教师的专业学习和教育探索，转变教师的教育理念，提升教师的专业素养，解决教育教学中的突出问题。

通过调研，我们发现，一些学校的教研工作教师基本上都是各自为政，很少与他人交流，也缺少同伴间的互助，这不仅不能有效解决教学中遇到的突出问题，帮助学生更好地习得知识，而且对教师的个人成长也十分不利。

美国的乔依斯、许瓦斯等教育家都意识到了同伴互助的重要性，并用等组实验法证明，同伴间的支持与挑战对教师专业发展有着十分重要的作用。而教研组，是当前学校管理对教师专业成长影响最大的基层组织。教研组的组建，首先要考虑学科特性和年段因素，让教研组内的老师都有共同的专业话题，大家共同学习课程标准，共同分析学生学情，共同研究教学方法，共同探讨疑难问题，通过同伴之间的相互学习和相互切磋，有效实现同伴间的互助，整体提高教师的专业素养。

二、重视教研组长培养，发挥"领头雁"的作用

教研组工作开展得怎么样，关键还得依靠教研组长对本组教师的指导和引领。教研组长是学校教学管理工作的得力助手，教研组长的专业素养、责任意识、沟通能力直接决定了教研团队建设的优劣。因此，要重视对教研组长的培养和任用，在教师中有意识地选拔一批工作能力强、责任意识高、业务精良、热心教研工作的教师担任教研组长，经常选派他们外出学习，使之能及时了解最新的教育教学理念，善于吸收、内化其他地区、学校和教师个人先进的教育教学管理办法和工作经验，并将其推广运用到自己的教研组内，切实发挥好"领头雁"的作用。学校每学年可开展一次优秀教研组、备课组和优秀教研组长、备课组长的评选，并让这些优秀组长作经验交流发言，介绍本组日常教研工作的开展情况，在抓好常

规工作的基础上如何创新。通过相互交流、共同分享、学习借鉴，既明确了今后的努力方向，又可规避问题，少走弯路。

三、丰富教研形式，促进教师专业发展

教研组的建立为同伴互助、交流共享奠定了基础，但要让教研活动真正使教师觉得受益，从内心产生参加研讨的渴望，应不断丰富活动形式，充实活动内容。

1.集体备课与个性备课的优势互补。

集体备课是发挥群体效应，优化教学过程最有力的形式，是打造卓越课堂最有效的手段之一，集体备课是学校内同年级同学科教师有计划、有组织地共同制订教学计划，分析教材重难点，确定突破问题的方法，撰写教案的过程。开展集体备课有利于发挥集体的智慧，弥补教师个人备课过程的不足，相互取长补短，实现资源共享。备课组的教师们可在集体备课的基础上，结合本班学生的学习情况及教师个人的教学风格，再次进行修改，这样处理过的教案，就可以将集体的智慧与个人的特长有机结合起来，优势互补，共同提高，有助于教师在整体上把握课标、教材重难点，在此基础上设计出更合理、更有效的教案。为更好地发挥集体备课的作用，真正实现资源共享，促进学校教学质量的整体提升，可结合学校实际，制定集体备课制度，让老师们遵照执行，提高集体备课效益。

2.岗位练兵常态化，营造良好的教研氛围，提升教师业务素养。

有一位教育家曾经说过："学校教学真要有所革新，必须敞开每间教室的大门，相互评论，不断改进。"学校要提升教学质量的前提就要先提高教师的授课水平，营造良好的教研氛围，同伴间相互听课是提高教师授课能力最便捷的途径，老师们从同伴的课堂上，可以学到许多教学技能，先模仿同伴的授课方法，再慢慢形成自己的教学风格。

但是，我们会发现，在更多的听课活动中教师们只为听课而听课，对听什么、怎么听、为什么听未必能全部做到心中有数。为此，学校应将教师的岗位练兵常

态化，每学年、每学期定好工作计划，分学科、定主题开展好公开课、优质课的听评课活动，将无序化、碎片化的听课行为转变为研究主题明确的听课活动，并采用"同课异构"的形式进行。

"同课异构"是近年来国内教学研讨经常采用的一种教研手段，它对同一课例进行多种不同风格的设计，从而展示教师不同的教学风格和教学艺术，探究最佳教学方法。"同课异构"在对教材的把握和教学方法的设计上强调"同中求异，异中求同"，让观课者清楚地看到不同教师对同一教材内容的不同处理，不同的教学策略所产生的不同教学效果，并由此打开教师的教学思路，彰显教师教学个性，在一定意义上实现了资源共享、优势互补。如语文学科中低年级以口语交际、看图写话为研讨主题，中高年级则以作文教学为突破口；数学学科则以复习课教学作为切入点，大家通过同上一节课的听评课活动共同研讨如何上好这一类型的课，让学生的学习更加有效。

3.走科研道路，避免职业倦怠。苏霍姆林斯基认为，教师从事一定的研究工作，可提升个人对教育事件的预见能力，没有预见的教师工作，对教师本人来说会变成一种痛苦的经历，凡是感受到自己是一个研究者的教师，则最有可能成为教育工作的能手。

为此，学校应结合教育教学工作实际和教师自身发展需求，鼓励教师开展小、实、新的课题研究，引导教师从日常的教学工作中发现切入点，明确研究主题。

课题研究旨在促进教师自我反思、改进教学实践、促进专业发展，提高专业素养，使教师成为有着强烈的反思意识、良好的思维习惯、科学的研究精神和热切的专业发展愿望的研究型教师，从而有效避免职业倦怠，过上一种幸福完满的教育生活。

四、创新开展校本培训，提升教师理论水平

教师的理论水平和综合素养直接关系到个人的授课水平，影响到教育教学的

整体质量，关系到学生的健康成长。因此，要想打造卓越课堂，实现优质教育，必须努力提升教师的理论水平和综合素养。

打造一支卓越的教师团队的途径有很多，但最便捷，最有效、最经济的还是校本培训。如何有效开展校本培训，切实提升教师的专业素养呢？

1. 开展"头脑风暴"研习。习近平总书记在"依靠学习走向未来"一文中明确指出，我们党要建设学习型政党，全民要建设学习型社会。教师承担着传播知识、传播思想、传播真理的历史使命，肩负着塑造灵魂、塑造生命、塑造人的时代重任，更需要依靠学习走向未来。为此，学校应有计划、有目的地组织教师进行学习。

首先，学习最前沿的课程改革和课堂改革的相关信息，让教师知道校园以外的世界正在发生着什么，思考自己在当下的工作中应该做好什么。

其次，学习教育理论和学科课程标准，用理论武装自己的头脑，熟练掌握教育学、心理学等专业知识。唯有如此，才能让每一位教师都能及时转变自己的学生观、育人观、课程观，学会以发展的眼光看待学生，许以静待花开的坚守。多一分宽容，呵护稚嫩的童心；多一分智慧，培育向学的生命；多一分责任，培养具有完整人格的新时代建设者和接班人。

2. 树立榜样，模范带动。"命令只能指挥人，榜样却能吸引人"（威·亚历山大），这说明榜样比教训更有力量。为此，每年开设一次"教师论坛"，让一部分在班级管理、教研工作、教学领域有创新、有特色、有建树的教师在论坛上交流分享各自的工作方法、管理经验、特色成果、研究感悟，让其他教师找到学习的方向。同时也通过这样的学习形式，肯定教师的工作业绩，帮助他们树立工作信心，为今后更好地工作奠定坚实基础。

3. 寻求专家引领，加强校际交流。多途径开展"走出去，请进来"的教研活动，经常与兄弟学校开展教学交流，可采用教学开放日或送课交流的形式，及时了解其他学校的教学动态，互相取长补短，交流共享。有条件的学校，还可聘请专家团队不定期到校内进行指导，实现专家引领。

五、加强自我修炼，夯实专业基本功

1. 享受阅读，从成长走向卓越。苏霍姆林斯基认为，教师提升教育素养的途径就是读书，读书，再读书，老师们要有读书的兴趣，要喜欢博览群书，要能在书本面前坐下来，深入地思考。因为唯有阅读才能让我们明白教育的本质是什么，也唯有阅读才能让我们掌握教育最基本的常识。

为了让阅读成为一种习惯，成为教师的精神需求，首先，学校应保障教师有更多可支配的自由时间，让他们有充裕的时间阅读；其次，根据教师的实际需求，经常添置图书，丰富图书种类，拓宽教师阅读视野；最后，个人阅读与团队共读相结合。在个人阅读的基础上组建"读书会"，制订共读计划和规则，让一群有着共同阅读需求的教师共读一本书，每周定时分享，加入适当的奖惩机制，有效实现同伴间的相互学习、相互鞭策和共同成长。

2. 加强自我反思，总结提炼经验。对自我经验的反思，是教师提升教育智慧的有效途径，美国学者波斯纳就曾提出：教师的成长＝经验＋反思，我国北师大的肖川教授则认为，没有理论武装的反思必定是缺乏深度的、低效的，甚至可能是瞎琢磨，因此他将前者的成长公式修正为"理论学习＋对经验的反思＝成长"。其实无论哪一个公式，都肯定了反思对教师成长的重要性，前苏联伟大的教育家——苏霍姆林斯基就曾写了三十多年的教育日记，正因为有他这种持之以恒的教育精神，才给我们后辈留下了宝贵的精神财富。他在《给教师的建议》一书中写道："我建议每一位教师都来写教育日记""记日记有助于集中思想，对某一个问题进行深入思考""每一位勤于思考的教师，都有他自己的体系、自己的教育学修养。如果有高超技巧、有创造性的教师，在结束他的一生时，把自己在长年劳动和探索中所体会到的一切都带进了坟墓，那会损失多少珍贵的财富呀"。因此，要提高教师的教育教学专业素养，提升教师的教育智慧，就应该鼓励教师及时反思，勤写教育日记。

3. 开展扎实的基本功训练，重视教师三笔字书写。在 2018 年出台的《中共中央国务院关于全面深化新时代教师队伍建设改革意见》一文中明确指出："以实践为导向优化教师教育课程体系，强化'钢笔字、毛笔字、粉笔字和普通话'等教学基本功和教学技能训练。"因此，教师课余时间要勤学苦练基本功，给学生做好榜样示范，每周分别上交硬笔、软笔、粉笔字作业各一份，学校专门安排在写字方面有专长的教师进行指导并做出评价，且将之纳入教师继续教育的学习内容中。

总之，学校教学管理工作的重点，在于对校本教研、校本培训工作抓好布置和落实，并使之常态化。因为只有教师真正意义上的成长，才能拥有崇高的教育理想，帮助孩子点亮梦想中的世界；才能提炼卓越的教育思想，坚定自己的教育理念；才能牢记教育良知，尊重孩子的个性差异；才能着眼民族未来，致力改革创新；才能坚守教育本心，以行动改变乱象。

校本研修、校本培训、专家引领、同伴互助、自我修炼促进教师专业得以更好地发展，校园里涌现出了一批批优秀的教师，他们以自己的人格魅力、学识魅力引导学生更好地成长。这些好老师让课堂学习不再是口口相传、正襟危坐、噤若寒蝉，而成为师生思维碰撞和灵动智慧流淌的地方。在这里，可以有质疑，可以有争辩，可以有动手探究，可以有冥思苦想，生机勃勃的校园不再有紧张的师生关系，而是二者彼此的相依，在良性循环的发展里更好地成长为自己想要成为的那样的人。

参考文献

[1] 中共中央、国务院印发的《关于全面深化新时代教师队伍建设改革的意见》（2018年），2018.

[2] 苏霍姆林斯基. 给教师的建议 [M]. 教育科学出版社，1984.

[3] 张丰. 校本研修的活动策划与制度建设 [M]. 华东师范大学出版社，2007.

[4] 肖川. 教育的使命与责任 [M]. 岳麓书社，2007.

"生本教育"课堂理念

——小学生学习探究方式的案例有效性

惠水县和平镇第四小学 成荣兰

"生本教育"是以生命为本的教育，由郭思乐教授创立的一种教育思想和方式，是尊重个性的发展和关注生命成长的教育。小学生学习探究方式中，教师是生命的牧者，不是拉动学生的"纤夫"，教学中，教师尽可能"不见自我"，把教学内容从一大堆知识点转变为知识的"灵魂和线索"，让学生在知识的丛林中学会探索前行。同时也要建立轻松和谐的课堂评价方式，学生学会了认真倾听，评价准确，语言婉转，被评价者虚心理解，用心回应。这样课堂有了讨论声、掌声和书声，学生的声、影在课堂上回荡，激扬学生的生命回归主体，充分体现了教育的真谛。

小学生学习探究方式，老师要根据课程目标中重难点和学生的心理特点给学生设置学习的小问题，设置的小问题具有预设性和生成性，充分了解学生的学情。在探究过程中，让学生自主合作地去思考和探讨，从中发现知识点存在的规律，激发学生学习的兴趣。课堂教学中的小探究的有效性有以下几种：

一、提纲式的小探究

提纲式的小探究，教师要围绕课文的重难点设置出几个小问题，让孩子通过问题引路，深入浅出，循序渐进，一步一步前行，叩开本课知识的"心门"，激发学习的兴趣。这种方法有层次，很直观，容易达到教学目的。如五年级下册《威尼斯的小艇》，让学生初步学会对信息的收集和处理，通过查阅资料，了解到作者马克·吐温的背景及他的作品，还了解了威尼斯城市的地理位置特殊性及城市的特点，学生在探究学习过程中把课文的脉络用提纲式的学习理清，并动手把学到的内容填写完整，写船夫驾驶技术高超的精彩片段，从而了解这"水上城市"的地理风貌，激发学生的兴趣，为这篇课文的学习，打下了理解的基础。采用自主学习的方式，扩大了学生的知识面，教材成为一个"基本引路"课本，查找资料成为学生学习的延伸，实现探究的有效性。

二、表格统计式的小探究

表格式的学习探究方式，主要针对教材的主要精神内涵的"隐藏"部分，在字里行间，需要通过对比、分析、总结才能使精神内涵如剥笋叶似的其义自见，通过表格式地梳理，使课文内容抽象思维立体化，让感悟过程转化为语言的体验过程。比如二年级人教版语文《千人糕》，看课题，给学生打开了脑洞的"天窗"，以为是千人长桌宴共同品尝的大糕点或者一千人每人一个糕点，想象天马行空。课文要表达的精神内涵是米糕的制作要经过复杂的人工工作流程，在这过程中需要很多人为之付出辛勤的劳动，我们才能尝到这香甜可口的米糕，让学生感知"米糕"的来之不易。诠释了"粒粒皆辛苦"的真理，让其意一层层剥离出来，使"千人糕"天马行空的畅想逆转而下变得细腻而有温度；学生学会了珍惜劳动成果，爱惜粮食的良好品行教育，体现了表格统计式的小探究具有的有效性。

三、表演剧本式的研究

表演剧本式的学习探究方式,要根据课本的人物对话创设情境,体会课文内容,激发学生学习兴趣。如二年级下册《丑小鸭》，先创设慈祥的鸭妈妈、一群黄色毛茸茸的小鸭和一只形象另类的丑小鸭角色，再让学生置身于各角色表演，身临其境，感同身受，引导学生体验鸭妈妈护崽无助，一群小鸭天真活泼可爱，丑小鸭遭受冷嘲热讽、欺凌无助的心理变化，侧重于丑小鸭的心理变化渲染，从而感知一个人成长环境过程是艰辛和困苦的，人生没有一帆风顺的坦荡路，我们要勇敢面对挫折和困难才能获得成功。让孩子在一种轻松、活跃的心理状态下，敞开心扉，放飞思想、真情对话。这样既让学生记住了课文内容，又能体会课文的人生哲理，激发学生学习童话故事的兴趣。

四、实物现象的小探究

实物现象的探究是最符合儿童心理特点的学习探究方式，小学低年级的思维特点以形象思维为主，善于形象记忆，逻辑推理能力较弱，于是在学习新知识时，实物的现象直接刺激学生的感官，丰富学生的感性认识，让眼、耳、口、手、脑都参与到学习中来，达到良好的学习效果，激发了学生的学习兴趣。如一年级人教版数学下册《人民币的认识》，利用纸币和硬币的一元、伍角、一角、伍分、贰分和壹分来帮助学生分辨人民币最基础的面值、人民币的分类和人民币的生活运用，通过颜色及花纹的对比，学生很快认识了人民币；通过面值不同，大小不同，把人民币进行分类；通过小超市里售货员的现场表演，学生学会了人民币的运用。学生会把自己的知识经验、思维、灵感全部调动到课堂学习中，大胆表露自己真实的内心体验。利用生活中的实践让学生的探究学习接地气，既让学生轻松愉快地学会了新知识，又促进大脑思维的训练，推动形象思维向抽象思维的过渡，激发了学生的学习兴趣。

探究学习方式是教与学的思维碰撞方式，教师的"教"需要大胆放松手上的"缰绳"，让学生的"学"找到属于自己的"青草地"。牧者的职责是让生命回归本真，学生可以从主题、人物、情节、语言、艺术空白点等处进行探究，也可以联系自己或同伴的生活、学习实际经历来发现，还可以与自己知识水平相比较去发现问题。有了发现的精神，学生的好奇心打开了，探究意识随之而来，探究热情就会日益高涨。

课堂是一次有着终点却没有路线的旅行，随时都可能让你处在"山穷水复疑无路，柳暗花明又一村"的境界中。对学生进行评价使学生不断认识自我、发展自我、完善自我，不断实现预定发展目标。

浅谈教师课堂教学行为的隐形教育功能

惠水二中　罗莹

　　课堂教学是一门高超的艺术，成功地上好一堂课，就是一个成功的艺术创造。课堂教学任务直接依靠教师去完成，教学内容直接依靠教师传授给学生，教学时间主要在课堂上度过，课堂教学的质量直接影响着该学科的教学质量。然而，在课堂教学中常常存在着这样一种情况：教师在台上侃侃而谈，学生在台下昏昏欲睡，何以如此？课堂教学魅力所致也。在近几年中央台的春节联欢晚会中，魔术表演成了晚会的一大亮点。魔术师的精湛技艺，通过其语言、动作、表情、目光、道具等展现在观众的眼前，其一举一动左右着观众的视线，让观众在惊奇、赞叹中领略了魔术的魅力。其实，教师的课堂教学与魔术师的表演有着异曲同工之妙。任何有效的、成功的课堂教学，都必须以学生为主体，都应该体现陶行知先生所倡导的充分解放学生的大脑、双手、嘴巴、眼睛，使课堂教学焕发出生命的活力。课堂教学是师生互动的双边活动过程，教师教学行为的焦点是如何促进学生的学习，这也是新课程理念的要求。课堂上教师的一些教学行为会影响学生的学习行为和心理状态，这是对课堂教学的隐形管理。如果教师能恰当地运用好这种管理手段，就会增强教学的吸引力和教师的人格魅力，从而对学生产生潜移默化的影响。根据教学实践，我从以下几方面浅谈一下自己的认识。

一、以情动人，张弛结合。遵循学生成长规律，联系热点问题以及身边的人和事

魔术表演的吸引力，首先表现在魔术师同观众的情感交流上。台上台下遥相呼应，观众被魔术师的情意所打动，情不自禁地随之而互动起来。同样，教师不能光靠从理论上、逻辑上教给学生知识，还要从情感上去感染、打动学生。在课堂教学中，师生间的情感如何，直接影响到教学意图能否实现和教学效果的好坏。如果教师的教学语言枯燥乏味，缺乏感情色彩，以一种腔调去"发售"知识，必然会招致学生的厌学和抵制，讲话、搞小动作、打瞌睡、看其他书等现象必会发生。所以，教学过程是知、情、意、行协调统一的过程，没有情感的交流是上不好课的，尤其是政治课。教师的情感是实现教学意图的一门艺术，以情动人，张弛结合，有助于课堂教学形成意趣盎然的生动局面，提高教学效果。比如，我在上《树立正确的金钱观》时，就满怀深情地朗读了"金钱的买到与买不到"，让学生在我跌宕起伏的朗读声中走进学习的内容，其教学效果显而易见。同时，根据学生的身心特点，选择那些符合学生"口味"的内容，才容易引起学生听课的兴趣，保持高度集中的注意力。所以，有选择地联系学生普遍关心的社会现实和热点问题及身边的人和事，对于保持课堂上学生思、听、学的兴趣是特别重要的。比如，讲"整体和部分关系"，联系了我校田径运动会上的 1000 米团队跑这一比赛项目（最后一个到达终点的学生成绩为团队成绩）。实践证明，针对学生最关心的问题，从理论和实践结合上做出正确的回答，就能吸引学生注意力。

二、丰富表情，引导学生，以"新、奇、疑"入境

魔术师表演时常常利用丰富的面部表情，引导观众随之走进奇妙的魔术世界。人的面部表情是人的情感的显示器，人们往往会通过脸上表情的变化，把一些难

以用言辞表达的思想感情表露出来。在教学过程中，教师表情温和、亲切，师生之间的角色差异给学生带来的心理压力就会减少，甚至消失。教师的微笑、点头、期待、鼓励的表情，有利于打通师生之间的情感通道，学生的主动性、创造性容易被调动，思维的闸门容易被打开。正如一位教育家所说的"做教师的绝不能没有表情，不善于做表情的人就不能做教师"。同时，以新颖的方式开头，以奇闻入题，以疑问导入，更能激发起学生的兴趣。比如我在讲"马克思主义哲学"时，设计了一个问题"马克思恩格斯和周杰伦，谁对世界的贡献大？"话音刚落，学生们就抢答开来。又如，在讲"矛盾的特殊性"时，我以一条短信开头："人生吧，0 岁出场，10 岁快乐成长，20 岁为情彷徨，30 岁拼命打闯，40 岁基本定向，50 岁回头望望，60 岁告老还乡，70 岁搓搓麻将，80 岁晒晒太阳，90 岁躺在床上，100 岁挂在墙上……生得伟大，死得凄凉，所以，该干啥就好好干啥，不要辜负每一段时光。"讲完后，同学们哄堂大笑，接下来对我提出的问题讨论十分热烈。用这种方式上课，效果是显而易见的，如果手法单一，内容枯燥，就会影响教学质量。

三、目光示意，调控课堂，学科渗透，实验助课

魔术师的目光"魔力"极强，它能让全场观众迅速聚焦欣赏其精彩的表演。眼睛是心灵的窗户，眼睛的神采和眼神的流动，随人的精神状态和情绪起伏而改变。教师的目光是课堂上有效的非语言教学手段。如上课铃响了，学生还沉浸在课间的嬉闹中，这时，教师的目光对全班的扫视会形成一种吸引力，从而及时地调节课堂气氛，让学生的思想迅速地回归课堂。讲课时，教师要以目传神，时刻关注学生，时常环视前后左右。教师的目光是丰富的，既可以赞同、拒绝，也可以友善、厌恶；既可以欢快、忧伤，也可以慈祥、严厉。根据教学需要，和学生在目光中情感交融，有利于创建和谐课堂，增强学生的自尊和自信。有的知识在本学科课堂上讲，学生不一定有兴趣。但引入其他学科，从另一角度来应用，学生会兴趣

顿生。如我在讲哲学上"一般"和"个别"的关系时，先在黑板上写下四个算式：（1）$3 \times 2 = 6$；（2）$(-3) \times 2 = -6$；（3）$3 \times (-2) = -6$；（4）$(-3) \times (-2) = 6$；然后引导学生分析其有理数乘法规律得出结论：两数相乘，同号相乘得正，异号相乘得负。最后指导学生根据这个法则再做两个练习。这个过程完成后，学生对"一般"和"个别"的关系理解就轻松容易多了。

政治课不像理化生等课有专门的实验，但也可以进行实验，用以说明问题。如我在讲"内外因的辩证关系"时，先在讲台上放一个气球、一个皮球、一个铅球，然后对着讲台扇风。结果气球转得很快，皮球有所移动，铅球却没动。这样做，能使学生耳目一新，激发学生浓厚兴趣。又如，我在讲"量变和质变"时，把学生带到化学实验室去上，让学生做水的三种状态（固态、液态、气态）变化的实验并仔细观察。这样，伴随着学生的好奇，教学内容如愿完成，教学效果不言而喻。

四、动作暗示，点拨教育，合理运用多媒体，增强吸引力

魔术师的表演出手不凡，动作的变化敏捷隐蔽，让人在不经意间体验了魔术技艺的奇妙。而课堂上教师的一举一动，一言一行，都有着明显的直观性，学生看得清清楚楚、明明白白，并随时产生不同的情绪反应。教师的动作不仅是一种行为习惯的表现，更是一种课堂教学艺术的表现。这种非语言的教学行为运用得好，往往会取得事半功倍的效果。如上课时发现女同学照镜子，我就讲着课微笑着向她走去，并用手拍拍自己的脸暗示她，学生马上就能意识到自己的错误而立即改正。一个动作看似简单，却往往具有不可替代的作用。多媒体网络教室，为教学提供了一种现代化的教学平台，合理使用这一资源，能使教学生动活泼，富有特色。如我在讲"正确发挥人的主观能动性"时，运用多媒体播放影片《举起手来》的精彩片断和我校举行的"体艺节"赛事中本班学生参赛的特色表演。讲"树立正确的价值观"时，用网络歌曲《我爱人民币》开头，播放"胡长清案件启示录"结尾。这样，寓教于乐，学生受到强烈的感染激发了学习的兴趣。

诚然，教要有法，但无定法，只有恰当，才最得法。成功的课堂教学，往往不是一法独用，而是多法并举，课堂教学行为的有效运用，只是提高课堂教学实效的重要一环。只要善于灵活运用，熟练掌握，具体问题具体分析，定能调动学生的积极性和创造性，收到良好效果。因为，只有用各种颜色来调色，课堂教学这一艺术品的创作才会更加美丽。

2018 年 7 月

浅议家庭教育与学校教育的结合

惠水二中　罗静

【摘　要】　家庭是孩子的第一所学校，良好的家庭教育为孩子成才提供了必要条件。学校教育为孩子成才提供了必要的育人环境和完整、系统的育人条件，所以二者之间的关系是密切的、不可分割的。在学校和家庭对学生的教育过程中，家庭是基础，学校是主导，它们的教育观念和教育行为能够保持一致是十分必要的。

【关键词】　学校教育；家庭教育；教育

　　教育是培养新生一代准备从事社会生活的整个过程，也是人类社会生产经验得以继承发扬的关键环节，凡是增进人们的知识和技能、影响人们的思想品德的活动，都是教育；含义是教育者根据一定社会的要求，有目的、有计划、有组织地对受教育者的身心施加影响，把他们培养成为一定社会所需要的人的活动。教育范围主要包括学校教育、家庭教育，这二者之间有着明显的界限甚至可以说是鸿沟。随着社会的发展，二者界限呈日益模糊的趋势，二者将在同一目标下担负不同的责任并互相渗透而不互相取代。学校教育是与社会教育相对的概念。专指受教育者在各类学校内所接受的各种教育活动。学校教育是由专业人员承担的，在专门机构——学校中进行的目的明确、组织严密、系统完善、计划性强的以影响学生身心发展为直接目标的社会实践活动。学校教育自出现以来就一直处于教育活动的核心。学校教育是一种制度化的教育，在现代教育体系中，学校教育形态是教育的主体形态。学校教育在培养社会发展所需要的人才方面，对于促进社会生产力的发展，维护和稳固一定社会的政治经济制度等方面所起的作用，以及在满足人们自身发展的需要方面，较之其他教育形态有更高的效率。所以，学校教育在整个教育体系中一直居于主导地位。家庭教育与学校教育比较，家庭教育有着自己的独特个性，具体表现在：家庭教育是以血缘亲情为纽带、在家庭教育的日常生活氛围中，通过实际间的沟通进行的，有较强的情景性和渗透性，尤其是能够较为充分地考虑学生的差异与特点。家庭教育主要包括三方面：一是促进子女体、智、情的健康发展，教育内容包括传播科学饮食知识、基本的体卫常识以及相应的训练等。二是教育子女理解基本的人伦关系，教育内容包括接人待物，孝顺父母，尊老爱幼等。三是养成良好的生活习惯，内容主要包括起居习惯、力所能及的家务劳动知识以及基本的行为规则。

学校教育与家庭教育衔接的方式是多样的。家庭的文化品位各异，教师和家长的个性更不同，沟通的方式不能一概而论。但不论用哪一种方式与家长沟通，教师都要真诚和热情，真诚和热情可以使家长产生对教师的信任感，这是使沟通具有实效的重要前提条件。处理好二者之间的联系，使家庭教育和学校教育形成更大的教育合力，既能给教师全面了解学生的机会，采取最佳的教育策略，又能让家长经常获悉孩子学习生活的动态，做好教育准备。长此以往，学校、家庭才能共同教育好孩子，共同完成好培养学生的任务，让他们健康、茁壮地成长。在学校和家庭对学生的教育过程中，家庭是基础，学校是主导，它们的教育观念和教育行为能够保持一致是十分必要的。如何实现学校教育和家庭教育的一致性？因为学校是专业育人单位，而家庭虽然具有育人的功能，但主要是生活单位，家庭成员中的大部分不是专业教育工作者，他们对教育的理解不可能像学校教师理解得那么深。所以，要实现学校教育与家庭教育的一致性，学校就必须对家庭给予积极的影响。我们认为，发挥这种作用的核心力量是教师。因为教师是在学校里与每个学生接触的，同时他们也是最了解学生的，所以他们对家庭教育的影响，理应发挥较大的作用。学校教育和家庭教育有着不同的教育内容。学校教育注重以培养学生对基本知识、技能的掌握为主；而家庭教育则注重培养孩子的生活能力、行为规范、伦理道德等。但是二者都是为了培养孩子学会做人、学会做事、学会生存的能力。当然也有一些家长忽视了家庭教育的重要性，往往站在学校的角度教育孩子，单纯地关心孩子的学习，忽视了道德情感的培养，使孩子片面发展，不能很好地面对社会。所以，家庭和学校要在教育内容方面相互配合、相互促进，使孩子成为栋梁之材。

家庭和学校在对孩子的教育上都有各自的特点，但又有各自的不足。只有两种教育互补，才能更好地促进孩子发展。如果老师批评了孩子，家长就不能再严厉批评孩子，让孩子觉得到处没有阳光。如果孩子在学校一帆风顺，家庭就要注重挫折教育；如果孩子在学校是所谓的"差生"，家庭就要注重成功教育。二者相互配合才能使孩子健康成长。家庭教育可以弥补学校教育的不足。我们知道，现在学校实行的是班级授课制。一个教师要教四五十名学生，所用的是一套教材，一个教案。而所教的学生，由于种种原因，存在着一定的差异。而教师的精力和时间毕竟是有限的，不可能针对每个学生的情况实施不同的教育。因此，我们做家长的要使自己的孩子早日成才，就应当用家庭教育来弥补学校教育的不足，根据自己孩子的具体情况，有的放矢地进行教育。家庭具有学校不可取代的良好环境。孩子虽然上学了，但他们的大部分时间还是在家庭里度过的，加上家长和子女的血缘关系及子女对家庭的依赖关系，使家长在孩子心目中往往占有较重要的位置。因此，学校教育不但不能取代家庭教育，而且还应当有赖于家庭教育的支持和强化。同时，由于家长和子女长期生活在一起，比较了解孩子的优缺点，因此教育起来更有针对性。

家庭是孩子的第一所学校，良好的家庭教育为孩子成才提供了必要条件。学校教育为孩子成才提供了必要的育人环境和完整、系统的育人条件，所以二者之间的关系是密切的、不可分割的。因而，一个人的成才需要双方不断地配合、促进，才能孕育出绚丽夺目的教育之花，才能够完成对孩子教育的预期目标，鼓励他们掌握好全面的科学知识与技能，真正具备建设祖国所需要的本领，成为祖国的栋梁之材。

参考文献

[1] 曲建武 . 把学校教育与家庭教育紧密结合起来 [J]. 高校理论战线，2010.

[2] 韩晓雨 . 关于学校教育与家庭教育相结合的探讨 [J]. 长春教育学院学报，2011.

浅析农村初级中学学生厌学的成因与对策

惠水县王佑中学　苏大敏

近年来，随着国家对教育经费的投入加大，农村学校的基础设施建设、教育教学设备、教育教学场馆均得到了前所未有的改观。特别是国家对农村学校的义务教育均衡发展的评估与认定，使得农村学校的基础设施及教育教学设备的投入得到进一步夯实。当大中城市教育已经在慢慢由传统教育模式向信息化模式转变的时候，农村教育的一些片面现象堪忧，表现在师资水平参差不齐及学生厌学率普遍较高地存在上。

那么造成农村学校学生厌学的主要因素有哪些呢？

一、学习习惯没有养成，导致学生对学习的重要性认识不足

在农村，留守儿童的比例普遍存在，因为留守儿童缺乏监护人的有效监管，孩子从开始上学起，就没有树立起良好的学习观，孩子们的散漫心理在这个时间段里就已经形成，随着年龄的推移，没有得到有效的矫正，所以学生对学习的认识只停留在学习只是一种义务的认识层面上。

二、散漫心理及惰性心理的形成，阻断了学生进取意识

在农村，部分家长由于对孩子的教育与监管力度不到位，造成了孩子散漫心理及惰性心理的形成。在打工浪潮席卷而来的现实社会里，家长们普遍存在一种认识误区，那就是即便以后孩子在学业上没有发展前途，但只要能出去打工，要解决吃饭穿衣问题不是什么大事；其次，部分农村的打工者，凭借自己的努力与勤奋，经过打工实现自己的创业梦想，也给家长们树立读书无用论的证据，因此在孩子学业的监管上更加放松。

三、缺乏家长有效监管的孩子借手机打发时间，这让孩子更加自闭与懒惰

随着中国信息技术的不断发展，手机已经渗透到人们生活的每一个角落，农村的孩子使用手机已经不是什么稀罕事。20世纪八九十年代，城里的孩子因为迷恋电子游戏而荒废学业已经成为那个时代的一个社会矛盾的缩影，当时，只要孩子迷恋上电子游戏机，十头牛也难把孩子从迷恋电子游戏中拉回来，现在，造成孩子们荒废学业的不再是电子游戏，而是一部小小的手机。现在的智能手机普及率很高，一机在手，可以让孩子们玩得天昏地暗、废寝忘食。手机，已经使孩子们沉浸在自己的世界里，变得不爱与外界交往，变得不喜欢与别人面对面沟通，变得自闭而不善于与别人交流，变得懒惰而没有进取心和追求，对自己的人生没有目标，每天生活在没有父母监管的日子里和缺少关爱的世界里，浑噩度日，虚度青春。

四、农村初级中学学生辍学率及疑似流失学生所占比例相对较高，其发酵效应影响到了周边孩子的定力

每个学期开学初，农村学校的老师都要到流失学生家进行入学动员工作，此

时遇到的几种情况都堪忧。

第一种情况：玩手机成瘾，虚度年华。清早老师们已经辗转十几公里到学生家，但孩子们还躺在床上呼呼大睡，旁边放着还在充电的手机，有时甚至会遇到孩子们的手机还在播放影视剧或停留在游戏界面上。这令人感到悲凉的一幕常常是农村留守儿童自由散漫的生活写照。

第二种情况：孩子们骑着摩托车到处闲逛。要么去所谓志同道合的同学家玩，要么自己骑车去兜风，有的到河边悠然自得地钓鱼，反正没有一个学生是在做着和学习有关的事，这些疑似流失学生也很少有在家帮助家长做农活的。没有监护人有效监管的孩子，正在散漫的泥潭里越陷越深，找不到正确的航向，更找不到生活和理想的目标。打工，能给农民工家长带去物质上的收益，却是用牺牲一部分自制力很差的孩子的人生去作赌注，往往，输得最可怜的正是这些没有认知能力的孩子。

第三种情况：结伴外出打工。这部分学生因有严重的厌学情绪，就到一些劳动就业部门监管不严的场所打工，多为洗车场、餐馆、娱乐城等。这些孩子因为学习习惯没有养成，加上从一开始学习成绩比较差，导致了这些孩子感觉坐在教室里就像坐牢一样难受。因此，选择外出打工，哪怕苦累一点，也感觉比在教室里接受老师的管教好。

第四种情况：早恋现象。部分留守儿童，因为长期缺少和家长的交流和沟通，加上家长回家看望孩子的次数与时间很少，造成了孩子在内心感觉不到被关爱，缺乏爱的孩子就容易产生惺惺相惜的错觉，于是，当有同学甚至社会人士对自己稍有一点关心，就会让这些涉世未深的孩子产生强烈的依赖感。于是，一步步陷入了早恋的泥潭，这是一种抱团取暖式的心理依赖，而这种依赖所导致的结果是：有可能又缔造新一代的留守儿童。以上几种情况就是农村地区初中部分学生悲催的生活写照。

五、学习基础差，造成的厌学

在初中阶段的部分学生，因为在小学阶段学习基础不牢固，到了初中就成了学困生。在农村小学，受教师业务水平滞后，农村小学教师知识结构断层，农村教师责任意识淡薄，学生家长重视程度不够，学生自主学习能力不足等因素的制约，造成了学生对基础知识的掌握不牢固。到了初中，学科增加，学科的难度也在增加，学生越来越无法适应初中的课程教学。特别是部分学生，到了初中连数学的乘法口诀和语文的拼音都没有掌握，这部分学生要适应初中的各学科教学，可想难度有多大。对于这部分学生，每天坐在教室里听天书，其中的乏味和难受可想而知。加上初中老师既要兼顾学科进度，又要顾及部分对知识掌握比较好的学生的教学进度，最后就没有时间顾及这些在知识面上断层的孩子，这样一来，孩子们厌学也就不可避免地出现和存在。

六、农村孩子受风俗和受留守儿童无有效监管的影响，早恋倾向影响孩子的学习

在农村许多地方，因受地方婚俗的影响，孩子们在进入青春期后，就有早恋向往，加之孩子们受网络信息的影响，过早学会谈恋爱，而学校不允许未成年人谈恋爱，造就了部分学生感觉到在学校受限制太多，不想到学校接受学习；其次是留守儿童无人有效监管，给学生早恋提供了滋长的温床。

七、长期缺乏父母督促和监管的孩子，缺乏吃苦耐劳的精神，这也是学生厌学的原因之一

学校是一个很讲究纪律约束的地方，从睡觉到起床、从吃饭自己刷盘子到打

扫卫生，都需要学生自己动手。特别是冬季，天气寒冷，学生们要早早地起床吃早餐和打扫清洁区及寝室、教室卫生，如果学生意志力薄弱，学生就会吃不了这样的苦，这也是学生厌学的原因。

八、学校管理让学生感觉不自由

缺乏家长有效监管和督促的学生，一般自律性都比较差。但是在学校学习和生活，必须接受学校的管理和遵守学校的纪律。长期缺乏家长监管和督促的学生，常常容易形成散漫的个性和不能自律的性格，一旦这部分学生到学校接受了学校的严格管理，这部分学生就会感觉到不自由和不习惯，因此想方设法不来学校，逃避学校的制度约束。

学生厌学，直接导致了学生无法完成学业，虚度了孩子的青春。为了扭转学生的厌学思想，除了家庭、社会的注重与关爱以外，学校教育的指导功能也有不可逃避的义务。

首先，帮助孩子找到学习动机，让学生感受到在学校的存在感。学习是一个人一生不可缺少的生活技能，没有学习能力的人，将无法适应社会发展的需要，特别在信息技术高度发展的当下，学习的重要性更加凸显，让学生明白知识可以改变自己人生的道理，特别是农村地区的孩子，更加需要有学习能力和精神才不会被社会淘汰。对于那些基础比较薄弱的学生，一定要做到因材施教与因地制宜，甚至对学困生降低学习要求，使学生在学习生活中获得存在感、成就感和幸福感。

其次，提升家长对教育的认识，形成家校共管的良好氛围，消除学生的厌学思想。大部分厌学学生，均因为家长监管不力造成的。孩子没有得到应有的监管和关爱，没有养成良好的学习习惯、没有养成良好的生活习惯、没有养成吃苦耐劳的精神等，大多因为孩子从启蒙教育就没有得到应有的指导造成的。所以，如何提升家长对教育的认识，提高家长对教育的重视，是解决孩子学习习惯养成的主要驱动力。孩子在得到家长关心和生活在温馨的家庭氛围中，更容易培养学生自信心和坚忍不拔的品质。学校教育虽说是教育的核心，但没有良好的家庭教育作为基础，学校教育的成效就会缩水。

最后，让学生明白学习的本质不是考试分数，而是通过学习提升一个人的思想素养、知识素养、人文素养。很多孩子坐在教室里学习，文化成绩跟不上就会泄气，使他们忽略在学校接受的校园文化的熏陶，忽略了接受校园纪律的约束对个人生活习惯的养成的重要性，忽略了和同学相处对自己社交行为的影响，忽略了同学之间相处对语言表达能力的提升等。作为教师，我们要让学生明白校园对学生成长的隐形帮助和间接的推动作用。

在现有教育体制下，农村学校学生厌学已经成了学校教育一个不可忽视的现象，如何提升监护人对孩子的有效监管、强化学校的育人效率，减少留守儿童无人监管的现象将是近一段时期农村老百姓和农村学校面临的社会矛盾。如何避免和化解学生的厌学问题，需要全社会共同关注，如全靠学校老师去面对如此复杂的社会矛盾，将难以让此矛盾得到有效化解。

2017 年 11 月 12 日

初中惠水乡土地理的课堂融入

惠水县岗度中学　王海军

乡土地理是有关家乡的地理知识，是初中地理让学生对家乡的进一步了解。乡土地理使我们了解家乡、认识家乡。乡土地理的学习可以培养学生热爱家乡、建设家乡的情感。本人长期从事地理教学，下面就是我对初中乡土地理课堂融入的一些看法。

一、乡土地理是地理教学中不可或缺的组成部分

乡土地理是初中地理教学中不可或缺的有机组成部分。乡土地理和世界地理、中国地理并列作为地理教学内容中的三大板块，乡土地理的地位同样重要。单是学习了世界地理、中国地理，而对乡土地理一无所知的话，那么他的地理知识就是不完整的。因此乡土地理在我们的地理教学中要引起足够的重视。

二、乡土地理是初中地理的总结

在大部分版本的教科书中，乡土地理的内容都被安排在最后的章节。因此乡土地理可以看作初中地理教学内容的总结部分。经过七年级世界地理、八年级中国地理的学习，初中生已具备了不少的地理知识和掌握了一些地理技能。这时候

再来了解乡土地理，就可以运用前面掌握的方法技能学习乡土地理的知识，可以全面地掌握乡土地理各方面的知识。

三、乡土地理最贴近学生的生活实际

初中生的活动范围有限，特别是许多农村初中生，没有去过什么远的地方，最远也只不过是去到过县城。因此，世界地理和中国地理的知识对初中生来说，都是比较遥远的。而乡土地理，在初中生的生活中，耳闻目睹，多多少少会知道一点。例如家乡的河流、城市、农作物等，初中生会有一定的了解。因此乡土地理最贴近学生的生活实际。

四、乡土地理使学生认识自己的家乡

家乡的山美、水美，谁都会热爱自己的家乡，离开家乡的人都会思念自己的家乡。但是仅仅热爱家乡还不够，还需要了解家乡、认识家乡。而乡土地理正可以让学生认识自己的家乡。认识家乡的自然环境、丰富物产、风土人情，才能让学生更好地树立建设家乡的信念。例如通过学习乡土地理，我们可以知道惠水是好花红布依民歌发源地，誉为"好花红的故乡"，惠水县将"好花红"文化作为一项重要的文化工程来推进，向外界展示了民族风情浓郁，文化多姿多彩的惠水新形象。如今，"好花红"已成为惠水、黔南甚至是贵州的一张精致、绚丽的文化名片。

五、乡土地理教学需要教师补充更详细的内容

除了教学书本的乡土地理知识给学生外，还可以补充更多的家乡的有关地理知识给学生课外阅读，既可以加深学生对家乡的了解，又可以培养学生热爱家乡

的情感。例如可以补充下面这些资料："惠水的概况：惠水县隶属于贵州省黔南布依族苗族自治州。位于贵州省中南部，位于贵阳市正南面，地处黔中高原南部边坡，地势北高南低，最高海拔1691m，最低海拔666m，平均海拔1100m。地跨东经106°22′～107°06′，北纬25°41′～26°18′。面积2470平方公里，东接平塘，西连长顺，南邻罗甸，北与贵阳、龙里相壤。县域东西宽72公里，南北长68公里，少数民族占58%。辖8个镇，2个街道办事处，9个居民委员会，201个村民委员会。辖镇为摆金镇、雅水镇、断杉镇、芦山镇、王佑镇、岗度镇、羡塘镇、好花红镇，街道办事处为涟江街道办事处、濛江街道办事处。惠水自五代起设南宁州，宋代置"八番"地，明代建程番府，定番府，至今已有一千余年的历史。世居在这块土地上的布依、苗、汉、毛南、壮、彝、水、回等民族，经世代开发，将惠水建设成为贵州著名的稻粟之地、桔果之乡。"

六、指导学生走出课堂

调查探究乡土地理知识。家乡有许多名胜古迹、旅游景点，还有各种各样的物产，许多是课本上没有的。因此可以指导学生走出课堂，在节假日里实地去探究乡土地理知识。这样既可以增长学生的地理知识，又可以培养学生学习地理的兴趣。

综上所述，乡土地理在初中地理教学中的地位是重要的，在课堂上对乡土地理教学要引起足够的重视。这对丰富学生的地理知识，培养学生的地理技能都是十分有利的。

实践·案例

如何让民族优秀传统文化薪火相传

——惠水县和平镇第四小学民族文化进校园实践

惠水县和平镇第四小学校长　成荣兰

惠水县和平镇第四小学建于 1964 年 9 月，坐落于好花红故乡少数民族聚居的城乡接合处，民风淳朴，布依文化浓厚。随着社会经济的加快发展，许多青壮年劳力奔波于各大中小城市务工，很多年轻人失去生活的语境，自己民族的精髓文化已经被充满现代气息的城市侵蚀和同化，布依民歌的传承面临濒危。

学校现有学生 724 人，其中 450 名学生来自少数民族乡镇的进城务工随迁子女，教师 52 人，少数民族 22 人，其中 10 名教师成长于布依民族村寨的家庭，从小在布依文化的熏陶下成长，禀赋了布依族的原生态语言和文化基因，因此学校的布依好花红调文化艺术传承有强大的知识基础和文化底蕴，为民族文化艺术传承奠定了坚实的基础。把布依好花红调深深植入下一代的血液里世代相传，永不褪色。

布依好花红调文化艺术，展现民族文化魅力。

布依好花红调，曲调悠扬婉转，旋律优美，气息清新，以说、唱、念的即兴自由表达方式，深受广大老百姓喜爱，几百年来传唱经久不衰，这也是它具有旺盛生命力的民族文化符号的代表。如《好花红》这首歌的内容以刺梨花淡雅清新的特点为主基调，花瓣色彩个性不张扬，傲然自由地绽放，朵朵向阳朵朵红，象征布依人民不卑不亢，激越向上的精神，歌曲融入了现代流行音乐元素，流水般的旋律，让这首歌没有岁月感，赋予追潮时代的音符，表达了布依族人民勤劳善良，敢于争先，充满对美好生活的向往。2008 年 6 月 7 日，布依族《好花红调》被列为第二批国家级非物质文化遗产保护名录。歌曲内容和腔调禀赋了时代前进的强音，展现了布依民族文化的魅力。

建立有效激励机制，开足动力引擎，让民族文化艺术个性在教学中扬起来。

学校充分发挥功能室的作用，成立师生社团兴趣小组，选派责任心强，专业能力精的教师负责教学。通过校委会、教代会、党小组和少先队组织等会议广泛征求意见，拟订活动方案，把课程内容、学习训练的过程、学习的成效等列入学校的年度考核内容，厘清考核菜单，照单逐项完成成绩突出的，年终绩效有奖励，没有按要求完成，将影响年终绩效考核成绩，奖罚分明，激励先进，鞭策后进的制度激发了教师积极地投入到民族文化艺术的传承和创新创作中去，形成事事有落实，事事有成效的长效激励机制。2017 年，学校选派教师分别参加了布依协会成员共同研究的布依好花红古调《问当汝》、八音坐唱《花不逢春不乱开》等歌曲的创作和演唱实践，《问当汝》这首歌无伴奏，无指挥，时断时连，时沉时浮，仿佛穿过历史时空听到来自远古的声音，令人心生敬意；八音坐唱《花不逢春不乱开》，融入了戏曲、民俗文化、民族文化等内容，以敲打、弹唱为一体的演唱方式，被誉为云贵高原乃至我国众多少数民族音乐中的一朵奇葩。这些歌曲让课堂教学内容丰富多彩，学生学习积极性提高，学习兴趣浓厚，艺术形式精彩纷呈。创作的艺术成品，让有特长的老师在年终考核中略胜一筹，这样开足了教师的自身内在创作动力的引擎，让不同风格的布依好花红调张扬出不同风格个性。

向外借力提升，让布依好花红调（古调）走向舞台。

布依好花红调（古调）是好花红的母调，来自于民间广大群众的传唱，它的根基源于生活，富有生活丰富的元素。学校聘请了音乐协会的专家和民间艺术传承人亲临现场指导，让民间传唱艺术升华为舞台艺术，布依好花红调（古调）曲调的创作背景、发音及旋律与生活密切相关，通过专家和传承人的指导后，师生保持了曲调的原生态不走调，演唱水平有了很大的提高。2017 年惠水县"筑育人新高地，唱好花红绚歌"活动中选送的《问当汝》布依古调成功地搬上了表演舞台，赢得了广大听众的点赞。这首歌的曲调古老悠久绵长，悠扬婉转，节奏舒缓，表达布依族人民从远古发展到现代，过着男耕女织的自由幸福的田园生活，同时也表达了勤劳、勇敢、善良、自信的民族文化的精神，犹如一幅美丽的田园风光画卷，令人回味，流连忘返。这首歌曲代表了黔山秀水人民锐意进取、力争上游的奋斗精神，叩醒了贵州惠水发展前进的动力，我校的教师代表十几次受邀于贵阳文化创业园《多彩贵州周末非遗展示会》、深圳国际文化产业博览交易会、安徽的旅游推介会、江苏省"中国文化艺术之乡"的大型舞台演出等，备受异乡游客和观众的追捧欢迎。学校用借力"请进来"补营养和"走出去"开阔视野的学习交流方式，从先行先试到领跑领先，让布依好花红调古调的歌声激情热度和流水般的节奏风行在祖国的大江南北。

学校开发多渠道的教育方式，让民族文化艺术成为有灵魂的艺术。

布依族好花红调几百年来由广大群众用声传唱至今，形式、体裁、内容多样化，很多音乐家用音符谱了调，但是还缺乏本民族需要表达的随心而抒发的情感韵味。千帆竞技，百花齐放，民族文化传承在各民族艺术中竞相开放，它撑起了民族的脊梁，给予了民族文化的无限生命力。学校作为教育下一代成长的主阵地，我们有责任担当起传承好布依民族文化的重任。要把布依族《好花红调》引入中小学校园课堂，让中小学生感受民族文化的无限魅力，发挥"教育无界"的强大传递作用。学校开发多渠道的教育方式，把布依好花红调内容列入学校地方课程计划，布依好花红调融入大课间活动每日一唱一跳的编排中，让民族文化活动常态化；利用端午节、重阳节传统节日开展民族文化进社区、进企业活动，让民族文化生活化。多元化，多渠道的实践方式，让民族文化艺术成为有灵魂的艺术。

布依族好花红调是民族传统文化积淀的最深沉的精神追求，学校要用布依好花红调的文化滋养，使这方民族生生不息，让民族的子孙后代有丰厚的文化滋养。我们更加铆足精神劲头，克服困难，加大资金投入，让学生成为传承布依好花红调的继承者，让布依好花红调的文化更显独特的魅力。

附开展活动图片说明：

图 1　学校 14 名教师参加惠水县文化馆组织的声乐培训活动，

让老师们掌握发声和舞台演绎技巧。

图 2　授课教师利用功能室开展布依《好花红》民歌教学。

图 3　民族文化课内容丰富多彩，学生通过对布依族的蜡染、扎染、纺织、绘画的了解，增强了民族文化的自豪感。

图 4　利用功能室开展民族舞蹈教学，增强了孩子的文化自信。

图 5 学校师生共同参与"2017 年筑就育人新高地，唱好花红民族绚歌"选拔活动。

图 6 教师创作的《问当汝》布依古歌参加

"2017 年多彩贵州文化艺术非遗集中展示"活动，让布依文化走上舞台。

图 7 贵州省旅游推介会到安徽省现场演出，受到在座听众的好评。

图 8 2016 年代表贵州少数民族文化到深圳参加现场演出。

浅谈在班级管理中如何渗透素质教育

贵州省罗甸县边阳中学　徐庭钧

21世纪是全面实施素质教育，培养学生德智体美劳全面发展的世纪。学校是实施素质教育的主战场，班级是实施素质教育的主阵地，班主任是班级的组织者和指导者，对学生的影响极大，因此，培养学生各方面的能力，提高学生的综合素质，其重担自然落在班主任的肩上。针对班级工作，经过长期的实践体会，笔者认为班级管理中渗透素质教育要着重抓好以下几个方面的工作。

一、明确奋斗目标，树立前进的灯塔

一个国家、一个集体要有奋斗目标，一个班级亦要有奋斗目标，而目标包括远景目标和近期目标。我们的习惯做法是从七年级开始直到九年级按每个学期为一步目标，共有六步目标，每个学期全班要制定出各科成绩发展目标，并争创文明班级，每个学生也根据自己的实际订出目标。开学初召开家长会，让家长了解班级目标和子女的目标，使家长配合班主任抓好班级目标管理，实践证明，目标管理是切实可行的。

二、严明班级纪律，规范学生的行为

铁的纪律是学习进步的重要保证。在原有的基础上重点加强养成教育，让学生树立纪律观念，知道哪些该做，哪些不该做。教育学生增强自制力。为了使学生理解和接受规则意识，符合《中学生日常行为规范》和《中学生守则》的要求，制定班规，依"法"治班。班级制度突出"五五五三"制度，即违反课堂纪律不得突破五次，旷课不得突破五节，迟到不得突破五次，不交作业数不得超过三次。以上规定若有突破界限，班主任必须及时与家长联系，采取家长到学校或班主任家访等工作方式进行，并做好记录。每学期召开两次家长会，成立家长委员会，互通情报。每次与家长座谈，不是"告状"，而是在赞扬其子女的优势和特长的同时指出不足和努力方向。对于说服无效、屡教不改的个别学生，依据学校有关规定适当进行强制性教育。总之，要教育学生做到"自尊、自爱、自信、自强"。同时采用说教方式与学生活动相结合，做到寓教于乐，教乐结合会收到良好的效果。

三、注重个别教育，促进学生自觉守纪

如果说班主任工作方式仅限于遮天盖地的严是不够的，会导致学生做表面工作，老师在场和无老师在场就不一样了，因此，必须重视对学生的思想教育。

第一是重视个别效应。每天针对性地与 1 至 2 名学生交谈，坚持教育为主、正确评价、寄予希望的原则。班主任在个别教育工作中，对能大胆倾诉自己想法的学生要加以表扬。要充分发现他的独到之处并加以肯定，同时指出他的不足之处让学生感到你信任他，使他感到强大的心理支持；对品学兼优的学生，可以通过各种形式的个别谈话，帮助他们正确评价自己，全面看待同学，不仅保持自身的全面发展，同时认识到自己在班集体中应该积极担负起协助班主任教育工作的

责任。另外，针对突发事件，做好个别教育。每一个班集体中，总会发生一些突发事件，例如师生之间的矛盾、同学之间的争吵、课堂吵闹、钱物失窃、损坏公物等。正确处理突发事件，对维护纪律，树立正确的舆论，教育肇事者都关系重大。首先要求班主任遇事冷静、沉着，不能感情用事，大动肝火，失去理智；其次要注意弄清事情的真相、情节的轻重、产生的原因和造成的后果。经过深思熟虑后才做出处理，不可听信片面之词，在没有掌握全面情况之前就匆忙地下结论。那样只能伤害学生的心灵和人格，有时还会导致意想不到的严重后果。要重视教育的方法，启发引导学生从思想上认识错误改过自新。说到底，人的根本问题是思想问题，思想认识好了，就会自觉守纪。

第二是注重整体效应。这将会促进学生的全面发展，帮助学生扬长避短。采取个别谈话的教育方式也存在着一些局限性，因此，在这种工作方式中注重与学生的书面交流是很必要的。尤其是一些性格内向、抑郁或害羞的学生，在面对面的谈话中往往不愿或不敢谈出自己的真实想法，班主任可采取与学生书面交流的办法。首先，有针对性地召开主题班会，通过班干部及个别大胆发言同学的引导、启发，引起全班同学的关注、思考；然后，班主任再在黑板上写出自己所要了解的事件内容，并要求每个同学谈出自己的观点和意见（由于是不记名的，绝大多数同学都能真实地写出自己的心里话）。这不仅有助于班主任了解事件的真相，更重要的是，促进了班主任与每个学生，尤其是平时交谈较少的学生之间的沟通。另外，平时对学生进行思想教育时要这样说：我们班没有后进生，只有优秀生和正在发展中的学生，通过观察，全班同学正在向远大的目标稳步前进。在整体效应的辐射和推动下，即使个别学生有问题，他也在悄悄改正错误，与众多同学走到一条正道上。这两种效应促进了学生自觉守纪，自我教育。

四、引入竞争机制，形成奋发进取的动力

提高学生的竞争意识，要使学生学习不断进步，综合素质不断提高。常用的几点做法是：

1. 利用教室后面的黑板作舆论宣传。摘抄一些名人名言、警句、谚语等，每周换新的内容，这样做在学生中形成正确的舆论，坚定心中的信念。

2. 成立学习小组，设组长，作好指导。期初学生学习死气沉沉，搞"单干"，不懂不敢问，懂的不愿讲，很保守。学习小组成立后，老师说些开导的话，古人云："独学而无友，则孤陋而寡闻。"学问，既学又问，同学间要互问、互学，取长补短，才能共同进步，共同提高。虽然学习需要竞争，但竞争更需要合作，只有在合作中竞争，才是高境界的竞争，才能达到个人的目标和实现整体的目标。

3. 学习上的竞争，功夫在每一天，在每个单元的测试上，任课老师要认真分析每个学生的进步与否，每次的竞争是否获胜，使学生树立时时在竞争、处处在竞争的良好竞争意识。

4. 竞争所结的硕果要庆贺、唱赞歌。每次单元测验在竞争中获胜的、完成学习任务的、每周班级量化分不被扣的，都要对同学们所付出的汗水和所取得的成绩表示肯定和赞扬，班主任开展一些小活动进行庆贺，或说一些激励的话语，或教唱一首歌曲表示慰劳。此情此景，学生的心情是激动的、振奋的，感到成功的幸福和愉悦。

五、开展集体活动，提高学生整体素质

集体活动分为两块，一是团队活动，二是班级活动。团队活动是班级团结奋进的有效途径。团干部要当好班主任思想政治工作的助手，宣传正确的人生观、价值观，及时把学生的各种情绪反馈给班主任，以便针对性地进行教育。团队活动的内容主要有：助人为乐献爱心，如打扫街道和景点，为学校做好事，帮助鳏寡老人做好事等，每学期开展 3 至 4 次。

班级活动更是形式多样。如国防教育课、法制宣传教育课，参加军训、辩论赛、学农支农活动等，要多姿多彩。鼓励学生参加学校的兴趣小组，如篮球队、鼓号队、舞蹈队、美术组、音乐组、科技组等，发挥学生的特长与爱好，培养学生一专多能的综合素质。

集体活动是提高学生综合素质的途径，它可以产生下列效应。第一，培养学生的一专多能。第二，开发学生智力和提高学生创新能力。第三，是转化学困生的有效手段。第四，提高学生思想品德的爱国主义、集体主义精神。班主任要下功夫抓好集体活动的开展，利用这一有效形式加强对学生的多方教育和素质提高。

当然"打铁要靠自身硬"，身教重于言教，春雨润物细无声，班主任的一言一行，一颦一笑，对学生有着潜移默化的作用。尤其在实施素质教育的今天，班主任应当不断地更新教育理念，在日常的班级管理中重视人的全面发展，培养学生完整的人格，才会达到我们预期的教育目标。

总之，教育是一门艺术，班主任工作是一门科学，素质教育形势下的班集体管理是一项艰巨而长期，多元而复杂的系统工程。不过，这是有规律可循的，只要我们倾注艺术的匠心，讲究育人环境和条件，贵在持之以恒，是能够收到显著效果的。

中小学德育管理工具箱

贵州省罗甸县民族中学　刘朝海

一、对于薄弱学校，它的突破口应该选择在行为习惯道德品质的规划培养上，因为所谓薄弱学校主要就是学生的行为习惯很不理想，表现在卫生、纪律、作息糟，学习差，学校散。这个问题不解决或解决不好，追求的改革只能是形式的东西，可能改变一下子的气色，而不能改变气质。为了让我们养成教育科学合理规范常态，我们思考了以下的一些做法，供一线的教育工作者们参考。

二、行事历由时间、主题、开展形式、组织部门、国旗下讲话、重要节日、历史上的今天七个方面编制而成，易于我们在日常的工作中操作，一目了然，融计划性与灵活性为一体，有一定的使用价值。中小学校德育工作行事历（2018—2019 学年度第一学期）附后。

三、解析说明

1. 主题是计划性主题，它是根据学期内不同时间工作的需要或重要节日、历史上的今天来编写，但是在工作的实际中，由于存在不确定因素较多，因上级的计划安排，突发事件，某一周的主题就会发生改变，因此，我们的工作也必须与时俱进。

2. 工作开展的形式只是一个引导，不是照搬，每个管理者有自己的思想风格和好办法，同时，有些形式可以通用或变通，不必拘泥。

3. 组织是指哪一个部门具体组织完成此项工作，不过工作往往有交叉性，这需要相关部门的通力合作，切不可事不关己，高高挂起。

4.国旗下讲话也要注意计划性和变化性，这项工作要在上周末提前安排。

5.学校的各个处室也可以按照这样的模式，编制本处室的工作行事历，以便开展工作和学校督查。

6.有些时候，在某一周没有上级的指令，也没有重大活动、节日，这时可通过网络查询历史上的今天栏目，找到素材，开展活动。

常言说的抛砖引玉，莫过于此，无法也不能概全，人是有思想的，我们无论如何钻研，也要留下或设计给出他人思考的空间。

德育工作行事历（2013—2014学年度第一学期）

周次	一	二	三	四	五	六	日	周主题	开展的基本形式	国旗下讲话值日	临时主题或班刊	重要活动节日参考
一	9月2日	3	4	5	6	7	8	爱我家园	校园卫生大清扫 新学期纪律要求			
二	9	10	11	12	13	14	15	仪表语言	检查着装、染发、打招呼、抽烟等			9.10 教师节
三	16	17	18	19	20	21	22	爱国教育	召开爱国教育主题班会			9.18 国耻日 9.19 中秋节 9.21 国际和平日
四	23	24	25	26	27	28	29	勤俭节约	检查学生宿舍 食堂用餐情况			
五	30	10月1日	2	3	4	5	6	惜时守时	检查汇总公布学生出勤情况		"三节"班刊	10.1 国庆节 10.4 世界动物日、前苏联卫星卫星上天
六	7	8	9	10	11	12	13	团队教育	班级团队小游戏			
七	14	15	16	17	18	19	20	尊老爱幼	给亲人打电话或帮家长做一件事			10.16 世界粮食日 10.19 重阳节（敬老日）
八	21	22	23	24	25	26	27	省思教育	学生对自己存在的问题进行反思			10.24 联合国日
九	28	29	30	31	11月1日	2	3	国防教育	图片展			10.31 世界勤俭日
十	4	5	6	7	8	9	10	消防教育	举行			11.9 消防日
十一	11	12	13	14	15	16	17	劳动教育	开展一次社区环保活动			11.17 国际大学生节
十二	18	19	20	21	22	23	24	理想教育	演讲比赛			11.20 中国神舟飞船升空
十三	25	26	27	28	29	30	12月1日	感恩教育	传唱感恩的歌		理想感恩班刊	感恩活动周
十四	2	3	4	5	6	7	8	法制教育	组织学生观看法制警示教育光碟			12.3 国际残疾人日 12.4 法制宣传日
十五	9	10	11	12	13	14	15	读书教育	检查读书笔记、心得			12.9 运动 12.11 国际儿童电视日 12.13 南京大屠杀
十六	16	17	18	19	20	21	22	传统知识教育	传统知识抢答赛			
十七	23	24	25	26	27	28	29	纪律教育	督查普通学生出勤			12.22 冬至
十八	30	31	2014 元旦	2	3	4	5	政教处总结工作	张贴 标语			2014年元旦节
十九	6	7	8	9	10	11	12	诚信考试教育	班会 标语			
二十	13	14	15	16	17	18	19	寒假开始				

浅谈"先学后教"教学模式在实践中的运用

贵州省惠水县第二中学　罗昆

从 2013 年起，贵州省惠水县第二中学在以往课改的基础上，开始进行"先做后说，先学后教，当堂训练"的教学实验，以期实现学生学会学习、培养终身学习的人之目的。

"先做后说，先学后教，当堂训练"是一种学生在充分预习的情况下再进行教学的课堂教学模式。三年的实践表明，该实验效果良好，我校学生自主学习能力有了较大提升。

一、实验的依据

2010 年《国家中长期教育改革和发展规划纲要（2010—2020 年）》提出："坚持以人为本、推进素质教育是教育改革发展的战略主题，是贯彻党的教育方针的时代要求，核心是解决好培养什么人、怎样培养人的重大问题，重点是面向全体学生、促进学生全面发展，着力提高学生服务国家人民的社会责任感、勇于探索的创新精神和善于解决问题的实践能力。"

2010 年《贵州省中长期教育改革和发展规划纲要（2010—2020）》指出："促进学生的个性发展；大力推进教学改革，提倡多样化的教学模式，积极推行启发式和探究式教学，突出学生参与，加强师生交流，注重实践环节，促进学生学习质量的提高。"因此，开展课堂教学模式的改革与研究势在必行。

"先做后说，先学后教，当堂训练"，改变了传统教学过程中过分注重接受、记忆（死记硬背）、模仿学习的倾向，倡导学生主动参与、交流、合作、探究等多种学习活动，改进学习方式，使学生真正成为学习的主人。该实验完全符合国家、省、州有关教育文件要求，能有效提高学生学习的自觉性、主动性和积极性，促进每个学生的身心发展，培养学生终身学习的愿望和能力。

二、实验的开展

（一）"先做"是在教师的指导下学生提前完成部分学习内容。

"做"的形式多种多样，例如做与例题相似的练习，在书上做批注，做实验等。这一环节应做好充分准备，从自学内容、自学方法、自学时间、自学要求四个方面给予学生明晰的指导、引导，让学生的自学避免盲目性。

通过"先做"，培养和提高学生的自学能力，培养学生的创新思维和发散性思维，提高学生的动手能力和实践能力，让学生体会到学以致用的乐趣，进而培养和提高学生的学习兴趣。

（二）"后说"是在学生自己去动手动脑自主学习之后，阐述自己的学习心得，提出疑问，相互交流和探讨。

面对学生的疑问，教师应有针对性地进行引导和点拨。老师的点拨，应当在新旧知识联结之处、在学习新知识关键之处、在学生疑惑之处、在学生争议之处、在学生思维受阻之处、在学生思维定式干扰之处，从不同的角度、方向，寻求正确解决问题的途径和方向。

学生要说，教师要说。通过"说"，提高学生分析问题和解决问题的能力，逐步提高学生的思辨能力和口头表达能力。

（三）"先学"是教师在课前或上课时出示学习目标，提出相关的自学内容，完成与授课内容紧密相关的练习。

自学的形式多种多样，可以是读课文、看注释、查资料，发现疑难做记号，做与授课内容紧密相关的练习，等等。就是在课前或课堂上引导学生进行自学。

通过"先学"，发挥学生的主体意识、创造性和实践能力，使学生真正成为学习的主人。

（四）"后教"就是教师根据学生在"先学"中所获得的知识、感受、疑惑等信息，有针对性地对学生进行指导。

"后教"的环节是：学生在自学过程中，教师通过巡视，准确掌握学生自学的情况，在学生自学结束后，发动学生通过讨论、质疑、合作探究等方式自行解决自学过程中暴露的问题。让已学会的学生来教不会的学生，促使学生相互合作、相互帮助，达到提高学生学习能力的目的。最后教师进行引导、点拨和总结，最终完成教学任务。

"后教"，使学生获取更准确的知识，获得更规范、更科学的学习方法，使学生的知识体系和经验得到充实和拓展。

（五）"当堂"就是充分利用课堂 45 分钟的宝贵时间，通过师生互动，在课堂上高效地完成学习任务，有效减轻学生的课业负担。

（六）"训练"是在"先做""后说""先学""后教"之后进行的，一般10 分钟左右。

训练分必做题和选做题，充分考虑不同层次学生的水平，训练的内容重在应用刚学到的知识解决实际问题，创造性地"做"，不搞死记硬背；训练的形式像竞赛、像考试那样让学生独立地、快节奏地完成，教师迅速检查，以此作为考查当堂课学习效果的一个重要依据。

这一环节重在把知识转化为分析问题和解决问题的能力，实现"堂堂清"。在训练设计上要特别讲究，如低起点、小坡度、多层次、多类型，有必做题目、选做题目、思考题目等，让不同学习状况的学生都达到不同的训练目的。

三、实验的得与失

三年来的实验，让我们认识到"先做后说，先学后教，当堂训练"特别需要准确把握以下事项：

课堂是训练场，必须坚持让学生有学有练的原则，整个过程学生都必须手脑并用。

课堂目标任务必须明确而适量，能够当堂完成"导""学""教""练"诸环节，做到"堂堂清"。

必须明确"学"和"教"两个概念及其对应的课堂行为，充分调动教师和学生两个方面的积极性，既能保证让老师正确地教，也要能够保证让学生充分地学。

"讨论"是一个被高效教学用坏了的概念，"先学后教，当堂训练"的课堂讨论形式与高效教学不同，它是围绕某个问题进行的集体讨论，学生可以自由发言参与讨论，却不一定要分组围坐，只要能让学生质疑问难、畅所欲言、积极主动地表现就可以了。

教师在课堂上必须始终盯紧学习基础薄弱的学生，以发现问题、纠正错误为主要活动，让不同层次的学生在纠正错误的过程中学会辨析并且获得正确的认知。

教师必须储备一个激发引导优秀学生拓宽视野、扩大知识与能力的问题、试题库，有计划地引导优秀学生在课内外拓展认识，训练思维，提高能力。

与此同时，我们也注意到：个别教师在课堂教学中，留给学生自主学习的时间还达不到要求，以教师为中心的模式还不同程度地存在，需要在下一步教学工作中加以改进。

四、结语

教无定法，贵在得法。提高课堂教学的效率，提高学生自学能力和获取知识的方式及能力，探索出一种行之有效的课堂教学新模式和及时学习、随时检测的好方法，始终是每个教育者的不懈追求。"先做后说，先学后教，当堂训练"取得的良好效果，使我们更有信心进一步优化课堂教学，真正发挥学生的主体作用，构建更加高效的课堂。

浅议中学语文课堂如何渗透德育

贵州省罗甸县边阳中学　徐庭钧

曾记得教育大家孔子如是说："弟子入则孝，出则悌，谨而信，泛爱众，而亲仁。行有余力，则以学文。"毫无疑问，这话语明确了德育在教育中的重要地位，明确了学生要致力于道德修养。

把德放在首位，是因为德调节着才的作用，起着灵魂和统帅的作用。这是无可厚非的，而与此同时，学校教育中又运行着学科教学这项中心工作。学科教学是学校向学生进行德育的最经常的途径。跟其他学科相比，语文学科有得天独厚的优势。"文以载道""以道育人"，一个国家的语言承载着自己祖国和民族的思维方式、思想感情，传承着自己祖国绵延不息的文化，有着深刻的底蕴。故而，在语文教学中进行思想品德教育，是德育与智育的密切联系，是语文教学一个永恒的主题。尤其是在物质条件日益优越的今天，更应该得到强化。

综观当今中学生的道德现状，不得不引起我们从事教育的人的重视。

社会在发展，时代在前进，改革开放40年来，市场经济引进了许多外来思想，新闻舆论，文学艺术，影视歌星等，影响日笃，使传统思想受到严重的冲击，学生的思想行为出现反叛，道德观念、价值观念随着经济形态而发生变化。如对明星盲目崇拜，对英雄不屑一顾。特别是独生子女在家中的"中心地位"，使得他们具有很强的个人意识。高昂消费，追求名牌，戴首饰，佩手机，享乐风气盛行，社会化、成人化现象极为严重。

基于以上原因，现就怎样在语文课堂教学中渗入德育的问题谈几点粗浅看法。

语文教学不仅要传授知识，培养听、说、读、写的能力，同时还要注重思想品德的教育。在教育教学中，我把语文教学与德育工作相结合的重点放在课堂教学上。课前精心备课，多角度思考。在备教材的同时，着力寻找教材内容与德育工作相渗透的最佳结合点。在备课的同时又备德育目标点，尽力做到德育与学科教学水乳交融，让德育工作附着知识点，尽可能地触动学生的思想意识。

一、通过对作品的简介，联系实际进行思想品德教育

语文教材大多出自名家之手，这些名家的人品才学为后世所敬仰，为学生之楷模。在教学中介绍作者、作品、背景时要针对学生情况，联系实际进行思想品德方面的教育。

譬如，我在初中教材《最后一课》中找到针对部分学生不重视课堂教学，上课 45 分钟效率差这一现象的德育最佳结合处。适时施教，颇有成效。课文以普法战争中法国战败，法国的部分学校被迫学德语为背景。作者用一个不爱学习的学生小弗朗士的口吻来叙写的，其中有两处关于小弗朗士的心理描写：第一处是当小弗朗士得知这是最后一堂法语课时。针对这一环节，我于是在课堂上有感情地朗读："我的最后一堂法语课！难道这样就算了吗？我从前没好好学习，旷了课去找鸟窝，到萨尔河上去溜冰……想起这些，我多么懊悔！"念到这儿，课堂上一片寂静。我抓住这段体现小弗朗士"懊悔"状态的心理描写，语重心长地说："小弗朗士是多么令人同情！他没能好好珍惜自己的学习时间，以致后悔都来不及了，相比之下，我们应该珍惜每一堂课。"接着，我又重点朗读并讲析了第二处心理描写："真奇怪，今天听讲我全都懂。他讲得似乎挺容易、挺容易……"我问："为什么会这样，是不是老师今天讲的是最简单的部分呢？"全班异口同声地说："是小弗朗士认真听课的原因！"这时，我就及时地融合德育工作，点出了课堂的重要性。我说："同学们千万不要忽视上课的 45 分钟呀，这 45 分钟的时间只要能

够集中精力认真听讲，就能够吸收老师所要教给我们的知识要点，并且很轻松地把它掌握下来。这是一个非常简单却又十分重要的道理。它关系到我们是否能掌握好科学文化知识，长大后能否成为一个对祖国有用的人才。如果是一个有志气的孩子，在认识到自己的缺点后就应该及时改正过来。"五十多双眼睛闪闪发光地看着我，从孩子们的眼神中我读出了他们的感触和领悟。

二、通过分析词句来贯穿思想品德教育

文章是人们交流思想的工具，每篇课文都有作者的立场、思想、态度等寓于语言文字中。分析文章时要使学生做到字求其文，句求其旨，章求其训，深刻理解课文的内容，从而受到教育。

例如，在《劝学》一文中，作者以"青出于蓝""冰寒于水"两个比喻来说明学习和改造的重要性。用"木受绳则直，金就砺则利"两个事例推论到人，即"君子博学而日参省乎己，则知明而行无过矣"。通过讲解，使学生总结出作者的用意，"人，也必须通过学习和参省，才能达到很高的境界"。这样，学生既分析了文章的论点——学习的重要性，又使他们从思想上提高了认识。文章又用"蚓和蟹""骐骥和驽马""锲而舍之和锲而不舍"等进行正反对照，论证学习应有的方法和态度，启发他们总结出学习动力不强的现状，进行适时的教育。学生充分认识到：人的道德、知识、才能不是天生就有的，而是通过后天的学习，坚持不懈的努力才可达到的。从而鼓励学生，激发学生的学习积极性。这样，我们就把德育很自然地渗透到了教学当中，德育目的也就顺理成章，水到渠成。

三、通过作业、作文训练对学生进行思想品德教育

思想品德教育要贯穿在整个读写过程中，作业练习、作文训练也不例外。尤其是作文训练，它不仅是写作能力的体现，而且还是学生道德品质的反映。学生

思想觉悟高，写作时往往能抓住内容实质，写出有一定深度、广度和特色的文章。因此，在作文教学中，要使学生在写作能力和道德观念两方面都获益，才是目标。

比如，在交流学习《岳阳楼记》时，我着重让学生谈谈对"不以物喜，不以己悲"，"先天下之忧而忧，后天下之乐而乐"的认识。集中讨论先人后己，联系学校生活、社会生活谈怎样做人。通过这方面的练习，不仅让学生掌握了名句的含义，更重要的是从名句中悟出良好的品质，受到感染和教育。

再如，教学《故乡》一课，首先通过对《故乡》的分析，让学生认识造成故乡衰败、萧条的根源，然后让学生对照自己家乡近些年来的变化。如生活改善、楼房增多、穿戴时尚、乡镇企业红火，等等。结合自身感悟，要求以《家乡的变化》为题作文。这是为了让学生懂得家乡巨变的原因是改革开放政策的好处，社会主义制度的优越，从而使学生对国家、对党有具体的认识。

总之，渗透德育，也是老师教育和学生自我教育的一个良机。重视了德育在学科教学中的渗透，也就重视了学生自身在德育中的主观能动性。这样，使学生自觉地反思，增强自我教育的能力，从而提高自身的品德修养。达到了这些目标要求之后，对于我们这些为人师的来说，才能真正做到"既教书又育人"。当然，德育工作与语文课堂可以互相渗透的地方是无所不在的。只要我们细心发掘它们之间的最佳结合点，并在备课时，注意将二者融为一体，让学生得到"随风潜入夜，润物细无声"的潜移默化的教育作用，从而促进学科知识的学习。

参考书目

[1]《中国师德手册》

[2]《新课程理念下的创新教学设计》

[3]《语文教学艺术》

网络环境下农村中学教师专业发展探讨

贵州省罗甸县边阳中学　黄继林

【摘　要】　现阶段的农村中学教学过程中虽然实现了一定程度上的信息化教学，但很大程度上农村地区的网络教学硬件配套设施远远跟不上信息化教学的实际需求。在农村中学教师教学过程中部分教师由于缺乏专业发展的意向，对于学生学习方面的评价缺乏监控、网络信息资源分配不均匀等因素的影响导致现阶段网络环境下农村中学教师专业发展存在较多的问题。为了分析网络环境下农村中学教师专业发展的方向及途径，笔者针对现阶段的研究背景及存在的问题进行了分析。

【关键词】　网络环境；农村；中学教师；专业发展

随着教育教学体制的改革及信息化的发展，现阶段的教师专业化进程不断呈现发展壮大的趋势，教师专业化发展已经成为现阶段国际教育改革过程中最为关注的主题之一，现阶段我国教育教学过程中城乡教师之间的素质差异较大，教育出现不均衡现象，虽然农村大多数地区已经全面实施了信息化教学，但由于教师专业化发展问题及传统教学体制的影响等导致现阶段农村中学教师教学过程中还是习惯沿用传统教学方式，使得城乡教学体制及教学效果出现越来越大的差异。

一、现阶段网络环境下农村中学教师专业发展存在的问题

现阶段网络环境下农村中学教师专业发展过程中存在着较多的问题，主要表现为以下几点：首先是农村网络环境下的网络学习资源不均匀分配的问题：现阶段的各类网站及学习平台中存在着较为丰富的网络学习资源，网络学习资源具有内容广、数量多的特点，但同样存在着网络学习资源分配不均匀的问题，这一问题的出现严重影响了农村教师专业学习的效率。网络资源在分配的过程中过于重视资源设计方面，忽略了对学习者进行跟踪、评价及评估，且部分农村偏远地区网络信号较差，影响着教师网络学习过程中的学习效果。其次是多数农村教师缺乏专业发展的意向，大多数农村教师对于网络信息化教学的接受程度不高，存在排斥新事物、习惯传统教学方式的特点，特别是部分年龄偏大的教师不习惯、不喜欢应用信息技术进行教学；加上农村地区网络信息化水平不高，教师无法真正感受到网络信息化教学带来的便利，导致农村中学教师网络教学方面的学习意向较差。最后是农村中学教学中缺乏学习评价监控力度，虽然网络信息教学体制逐渐被应用，但学习评价依旧沿袭着传统的作业及考试评价的方式，使得网络学习的评价及监管存在一定的局限性，限制着农村中学教师专业发展步伐的前进。

二、网络环境下农村中学教师专业发展的方向及途径

（一）致力于发展农村中学校园的网络环境建设，缩小城乡差距

在网络环境下实施农村网络信息化教学应结合农村的软环境及硬件设施，将网络环境建设的重心放在实现每个教师拥有部分多媒体设备、建设电脑房、语音室及引进先进的现代化教学设备等，针对网络环境进行优化，为农村中学教师的专业发展奠定良好的基础，倡导农村中学教师们在教学过程中实施网络环境下的开放教学模式，通过在线公开课程的学习提高农村中学教师的专业发展水平，培

养农村中学教师自主发展的主动意识，逐渐缩小农村与城市教学水平及网络教学建设方面的差距，提高农村中学教师的整体素质及职业素养。

（二）针对网络学习环境进行整合，优化农村中学教师信息化环境

在网络环境下农村中学教师在专业发展过程中应整合网络上适合自身学习的学习资源，针对农村中学信息化环境进行优化，提高农村中学教师的信息技术掌握水平，推动信息化基础教育水平。在对网络学习环境进行整合的过程中应结合现阶段农村中学教师专业发展的需求尽量选择图文并茂、内容多样化、具有完善互动平台的网站资源。还可以倡导农村中学利用本地优秀骨干教师的教学资源建立符合农村中学教师专业水平需求的学习数据库，经常组织农村中学教师参加各种信息化教学的培训及学习，严格考核教师参与培训后的培训结果，提高农村中学教师的信息化掌握水平及技能。

（三）加大网络环境的建设，提高农村中学教师的专业发展积极性

在农村中学教学过程中应投入资源大力建设网络硬件设施，实现农村地区网络的全面覆盖，营造网络教学环境及氛围，让农村中学教师在网络环境中逐渐认识到网络环境下的信息化教学对于自身发展及农村学生们的学习的重要性，让农村中学教师在农村就能接触到全国各地最先进的教学理念，教学方式，反思自己在教学过程中与先进教学模式之间的差异，针对农村中学学生实际的学习需求整合最为合适的信息化教学模式，提高教师的专业素质，激发农村中学教师专业发展的积极性及创新教学模式，提高农村中学生的学习效率。此外，在建设网络教学环境的过程中还应强化对农村中学教师教育教学的监管力度，将网络课程与传统教堂的优势相结合，采用线上线下结合监管及评价的方式，不断优化农村中学教育教学模式及教学理念，结合学生们的实际学习需求促进学生们综合素质的发展，提高农村中学教师的专业发展积极性。

三、结语

在网络环境下农村中学教师专业发展过程中应结合现阶段农村中学教师专业发展过程中存在的问题，通过实施致力于发展农村中学校园的网络环境建设，缩小城乡差距，针对网络学习环境进行整合，优化农村中学教师信息化环境及加大网络环境的建设，提高农村中学教师的专业发展积极性等途径提高网络环境下农村中学教师专业发展水平及综合素养。

参考文献

[1] 周燕飞. 信息化教学环境下农村中小学教师专业成长的探讨 [J]. 小作家选刊，2015，10（22）：23-24.

[2] 崔艳丽. 网络环境下大学与中小学合作促使教师专业化发展的模式与策略研究 [J]. 课程教育研究，2016，22（23）：30-31.

[3] 耿静. 基于网络环境的教师专业发展动机及激发策略的研究 [J]. 中小学电教，2014，30（10）：28-31.

[4] 马琳雅. 农村中学教师自我导向学习能力提升研究 [D]. 河南大学，2016.

如何有效开展课例研究

惠水县城关第一小学校　尚孔英

【摘　要】　授课、观课和议课是做课例研究的必要手段，是每次教研活动的主要内容。通过这些活动，让教师不仅从同伴的课堂中发现值得自己学习和借鉴的优点，改进存在的不足；而且在同伴的议课中，找到自己今后需要整改的地方，改变自己的课堂。简言之，课例研究让教师学会观课，懂得议课，进而能更好地上课，整体提高课堂教学质量。笔者联系自己学校开展教研活动的情况，从以下方面进行阐述：1.目前存在的问题和困惑；2.观课议课与听课评课的区别；3.如何观课；4.如何有效议课。

【关键词】　课例研究；观课；议课

一直以来，我们学校每学期都开展公开课、推门课、汇报课、每学年的优质课评比、"青蓝工程"结对帮扶及课后的评课、议课等活动，我都参与其中。作为授课教师，每次当我们自己努力设计好一堂课后，都会有一种成就感；而上完课后，才发现原来没有那么完美，甚至有些失落感和挫败感。作为观课者，从同伴的课堂教学中，我们看到了新的方法、新的理念，同时，也发现了一些我们自己也存在的、待改进的地方，但在评课时，却又提不出可行性的建议。其实学校开展的这些活动就是课例研究。它是提升教师教学智慧最有效的方法之一，与教师的专业成长密切相关。

授课、观课和议课是做课例研究的必要手段，是每次教研活动的主要内容。

学校开展这些活动的目的，也是希望老师能从活动中真正地受益，不仅从同伴的课堂中发现值得自己学习和借鉴的优点，改进存在的不足；而且在同伴的议课中，找到自己今后需要整改的地方，改变自己的课堂，从而实现双赢，整体提高课堂教学质量。在对教师听课记录的检查中发现，大部分的老师在听课时都能找到一两个观察点，记录及评语也较翔实、有指导性，但有部分教师的听课记录很明显是在完成学校规定的听课次数，没有从同伴的课中找到值得学习和探讨的地方，使这些活动失去了本身的意义。

一、目前存在的问题和困惑

有的老师其实很想做好观课、议课，却不知道如何去做。

1. 观课和听课，评课和议课究竟有什么区别？

2. 观课时哪些观察点才是最有效的？

3. 观课时老师既要观察，又要记录，那么如何快速地做好观课记录呢？

4. 怎样议课才能达到预期效果呢？

二、观课议课与听课评课的区别

观课就是教师用耳听、用眼看、用脑思课堂上的教与学的行动，如观察教师和学生的语言和活动、课堂的情境与环节、师生的精神状态等。而听课主要是指向声音，是听师生在教学活动中的有声语言的往来。

"议课"主要是围绕观课过程中的教学现象提出问题、发表意见、促进反思，以谋求更好的实施教学的新方法、新理念，进而让所有的参与教师都有新收获。议课的对话模型：我提出我的疑问，我倾听你的观点，我们一起探讨，最后达成共识。

评课的重点是对课堂教学的优劣进行等级划分、作判断、提意见等。评课中的对话模型：评课者是帮助者和改进者，而执教者是被帮助者和被改造者，被动接受。

简言之，观课议课过程，是教师在互动中获取经验、自我提高的过程。因此，是教师研究课堂教学，提高业务能力最有效的途径，它让教师学会观课，懂得议课，进而能更好地上课。

三、如何观课

如果漫无目的地走进课堂，只会浪费观课者的时间，只是应付学校的检查而已，根本达不到观课的实效，所以，观课者可以这样做。

（一）课前认真备课

观课教师必须带着明确的目的走进课堂，如观上课教师的课堂教学环节、教学活动的转换、如何导入新课、如何展开双边活动，这就要求观课老师要提前和上课教师沟通，了解上课内容、了解听课学生、了解上课教师的风格等来确定自己的观察点。对观察的问题有了比较全面的了解后再走进课堂，才能在观课的过程中找出优点、发现问题，去思考、去商议、去探寻更有效的课堂。

（二）认真倾听，仔细观察，做好记录

观课教师要尽量坐在学生中间，必要时在不影响上课的情况下下位去观察学生，如看学生听课时的表情来知道他们的理解程度，在学生讨论问题时走到学生中间去，和同学们一起讨论，查看学生的笔记。观课教师不仅仅是听，还得记，要把观察到的东西记下来，为议课做准备，所以观一节课并不比上一节课轻松。

（三）确定观察点

如果想把一节课所有的内容都观察出来，那是根本做不到的。因此每位观课

教师在听课前，要确定自己的观察点，在听课时围绕自己的观察点观察，为议课的深度和效度做好充分的准备。观课教师一般要观以下几个点：①观这节课的教学效果，即学生是否掌握了本节课所学的内容；②观教学活动转换，也就是师生的双边活动是如何进行的；③观课堂提问和回答，即观察教师的提问是否具有有效性、是否具有指向性，学生的答语是否规范、准确；④观课堂反馈，即通过学生完成课堂练习的情况，观察学生对本节课教学内容的掌握情况；⑤观结构性语言，即教师的课堂教学语言是否严谨、规范、有效；⑥观学生语言流动，即是优秀生、中等生、后进生都参与了课堂的发言呢，还是只有那几个优秀生在发言；⑦观学生学习状态，学生是否主动参与课堂活动，其思维的深度和广度如何，其思维的转换是否敏捷等。

（四）如何记录观察点

观课教师在观的同时，必须记录下所观察的信息，那么如何才能快速而完整地记录观察点呢？

1.用表格快速记录信息。

我们可以在观课前画个表，在上课过程中把上课环节和教学时间填出来。如：

教学环节	时间（分钟）
思维导引	6
思维碰撞	16
思维迁移	15
思维导图	3

通过这样的板块划分和时间的标注，可以获得本节课教学流程的整体概貌和时间分配，初步获知实际教学中教师把主要精力和时间投在哪里。

2.记录学生的发言情况。用 S 表示学生，用 T 表示教师，用箭头表示语言的互动流向，朝上的箭头表示是学生回答的问题，朝下的箭头表示是老师提出的问题，学生每回答一个问题就画一个箭头，在箭头上画个"＋"表示回答正确，画个"－"表示回答错误，画个"？"表示没能完全正确，或是学生没有回答，总之，自己用自己能理解的符号做记号。

通过记录每位学生与教师的语言沟通，可以反映出一节课当中语言流动的分布情况和分布类型；可以简明地了解一个班里好中差学生的大致分布情况，可以了解学生是如何学习的（包括常见错误、操作困难等）。

此外还可以观察这几个点：（1）该节课的整体设计和构思；（2）教学重难点是如何突破的；（3）小组合作学习是怎样开展的；（4）学业纸的设计和使用；（5）学生的汇报语言等。这样记录观察点，有利于观课教师在观课结束后，迅速整理观察点，对照观课前的准备进行反思，发现闪光点，找出哪些地方是要和授课人进行讨论的，为议课做准备。

四、如何有效议课

1. 营造交流互动氛围。为了确保课例研讨的有效性，在这个过程中，主张民主探讨、交流合作。在议课现场，不是对授课者品头论足而是针对课例和问题本身，把自己的想法、观点亮出来，在和谐的倾诉和倾听中，学习方法、研究方法。

2. 以平等对话为基础。教学有法，教无定法，贵在得法。教学是这样，对教学过程的理解和评价同样是这样。议课是围绕观课所收集的课堂信息提出问题、发表意见，不对课的好坏下结论、作判断。议课教师一般这样说"这节课我观察到……我想听一听您为什么这样设计？""我们注意到学生……不知您怎么看？"等，然后倾听授课教师陈述他的观点，如果观课教师还是有不同见解，就这样说："如果这样变一下，您认为会有什么变化呢？"这样观课教师既说出了自己对这一现象的观点，又不会使授课教师难堪，会使教学研究在和谐气氛中进行下去。授课教师的成果得到了承认，他就会主动地听取议课教师的建议，主动反思这节课出现的需要商讨的环节，借此在教师心中发起一场头脑风暴，促进教师个人理论的自觉转变。有的授课教师甚至会主动要求再上一节课，让其他老师再来观来议，因为他充满自信，他希望改进，他渴求进步。

我曾在《小学英语观课议课问题与诊断》这本书上看到一则案例：一所学校以"课堂提问的有效性"为主题观察一位教师的课堂教学，经统计，这节40分钟的课上教师提了56个问题，平均每分钟1.4次，围绕着某个内容，教师一下提问了8次，可是，当观课教师如此描述的时候，授课教师立刻表示："没有8次，是3次。"于是观课教师将8次提问逐次陈述回放出来，这时，授课教师才吃惊地认同。五个月后，观课组又一次走进这位教师的课堂，再次观察这位教师的提问，发现这位教师的课堂变得"干净利落"，统计结果显示，其提问数量是22个，其中有效提问占88%（在第一次观察中有效提问占62%）。事后，观课组对这位教师进行了访谈，她用"震惊""苦闷""尝试""挑战"等词语来表述上次课堂观察在她内心深处掀起的风暴，后来，她几乎在每次备课的时候都会特别关注提问的有效性，在每次课堂教学中都会留意提问的有效性，在每次听课活动中都会分析与借鉴别人的提问艺术，这样才有了后来教学能力的提升。所以议课应该是相互倾听、相互质疑、促进思考、达成共识的活动。

3. 相互探讨，共同发展。

观课教师可以根据自己在研修中的需要，决定观课点，并做好准备，也可以根据授课教师的授课特点，抱着学习的态度，去观授课教师的闪光点；还可以抱着探究的目的，观授课教师的迷茫点，然后和授课教师共同探讨，寻求解决办法，达到共同进步的目的。如果授课教师在新课导入方面很有特色，那么观课教师就观察这个教师"导入"这个点，去学习这个教师的导入艺术。如果观课教师自己不善于师生互动，那么观课时就观"师生互动"这个点。如果授课教师班级的学习小组建设很成功，那么观课教师就可观察该班学生的合作学习情况。如果授课教师的评价语言很具体、很有效、很丰富，那你就可观察授课教师的评价时机和艺术。如果授课教师的教学语言很简洁、严谨、清晰、明确，那么观课者就可观察该教师课堂语言的使用情况，等等。观课教师记录下所发生的现象，课后整理好，在议课时陈述所观现象和其他老师做探讨，议课才能深入到实质。

操千曲而后晓声，观千剑而后识器。从听课评课到观课议课，是一种课堂研究方法的改进，更是校园教研文化的新趋向。我们每一位新时期的教师有责任在课例研究中，从自己做起，建构新型的教研文化，让每个人在这种新型的学习、研究文化中改造自己、提升自我。

参考文献

[1] 张婷婷. 如何做有效的观课和议课——"国培"后的所思所获 [J].2018.

[2] 凌云璇. 观课、议课问题诊断与解决——小学英语 [M]. 东北师范大学出版社，2010.

目标管理在班级管理中的运用

惠水二中　王欣丽

【摘　要】　初中生实行目标管理的基础条件，管理过程中运用目标管理的意义，管理目标的运用、实施及其主要事项。

【关键词】　初中；班级管理；目标管理

初中阶段，学生智力的发展最主要在于其新的思维特点的出现，在生理上处于青春期的第二个发展飞跃期，会出现自我意识的高涨和反抗心理，情绪表现的矛盾性（强烈狂暴性和温和细腻性的共存，情绪的可变性和固执性并存，内向性和表现性共存等比较极端的情绪类型）和人际交往的新取向。

特别是初二年级，是一个学生整体发展的关键阶段，非智力因素的发展成为主导学习成绩的关键点，学习动机，学习兴趣，学习方法，学习习惯等成为学习成绩是否优良的主要因素。

初二年级没有刚入学时的天真，又没有初三年级的紧张，也是青春期特征表现明显的一段时期，是心理问题的多发期。在此期间学生的成人感增强，欲望表现出成人的作风和气魄，摆脱家长、老师，甚至是社会的约束。由于这一时期的学生自身的心智发展还不成熟，成人感的急速上升与个人独立能力的矛盾日益明显，情绪起伏较大，对学习的积极性和自制力下降，学习效益低下，精力转化到别的方面，急于解脱尤其是渴望倾诉，这一时期的学生早恋趋向性很高，严重的会影响到学习意识和知识价值观的形成。

初中阶段怎样调整学生的心态，转移学生躁动的心理情绪，是班主任在班级管理中应高度重视的问题。

传统的教学管理模式是一种从指令到执行的单向管理模式，评价考核的内容标准主要是教师的个人性格及其价值取向，学生不理解甚至不配合，使班级管理中的许多规章形同虚设，一边是班主任一厢情愿地着急上火，一边是依然如故，我行我素。

在工作实践中，目标管理是规范学生生活和学习行为的有效手段。

一、目标管理的含义

"目标管理"的概念是现代管理学管理专家彼得·德鲁克1954年在其著作《管理实践》中最先提出的。它是以目标、指标为手段，通过目标拟定、执行、评核等过程，达到管理的目的。目标管理的目的是：用目标调动人们的积极性和主动性；用目标作为配备资源（人、财、物等）的基本依据；用目标监督、协调人们的工作过程。

二、班级管理中目标管理的运用

同一班级，学生智力因素的差异不会太大，影响学习成绩的更多的是进取心、自制力和学习方法等内在因素。

班级目标管理，就是将学生复杂的内心世界统一到有形的奋斗目标的有效手段。

（一）制定学习目标，帮助学生学会学习

自我学习是指学生个体在学习过程中一种主动而积极自觉的学习行为。一部分初中生缺乏刻苦学习的精神，在学习上没有养成良好的学习习惯，也没有找到

适合自己的学习方法，寄希望于靠短时间的努力一下子把成绩提上去，成绩不理想或遇到困难时，就半途而废，不能持之以恒，学习积极性忽高忽低。因为不会学而学不好，因为学不好而不想学，因此而产生厌学心理和行为，并渐渐形成学习上的恶性循环现象，越不努力成绩越差，成绩越差越想放弃。

目标管理则是使学生的学习变被动为主动的一个很好的手段，班主任应要求学生根据自身情况，制订符合自己的学习计划，包括周计划、月计划和学期计划，及时检查计划的执行情况和完成效果，检讨成功和失败的原因，及时调整完成计划的方法和措施。其间，班主任要及时与学生取得沟通，帮助他们寻找思路和方法。目的是使学生明确学习目的，增强自主学习意识，掌握学习方法，养成学习习惯。

通过目标管理，可以使学生学会审视自己，评估自己，从而了解自己，知道自己，完善自己。

（二）制定德育目标，帮助学生塑造自我

教育的最高境界是实现学生的自育。制定德育目标，帮助学生从终身发展的方向塑造自我，是教育的本质。同时在班级管理中，有利于对学生的行为进行规范和实施监督。

我们对于德育的理解和要求，不同的背景有不同的要求，针对初中生的年龄特点，在易记易懂前提下，我以"礼""信""静""雅"为德育目标，制定了班级课堂行为规范。

学生在班级和学习活动中，随时以"礼""信""静""雅"四字对照，检查自我、约束自我。积习日久就会变成修养。

（三）目标管理运用中应注意的问题

1. 不要轻易改动目标

当学生设定目标时，就应该确定这个目标是现实的、能达到的，不能改来改去。

有一些目标看似难以实现，其实学生只要动手去做，努力去做，就会发现原来看起来很难的事实际上并不难。也不要让学生总觉得自己的目标不够伟大，若是能实现每一个小目标，对帮助学生提升自信心、收获成就感很有好处。

2. 坚决贯彻执行

要鼓励学生说到做到，不要轻言放弃。许多学生只是对目标"有兴趣"，但并未决定一定要实现目标，因此当然无法实现，要让他们清楚"有兴趣"不会成功，"决定成功"才是成功的第一步。

3. 按时检查督促学生

作为班主任，应定期或不定期地针对每个学生的目标进行检查督促，既应检查进度，也应检查成果。班主任应对有进步的学生加以表扬，对偏离目标的学生及时提醒。当然，也可以让学生之间相互检查督促，从而更有效地发挥目标管理的作用。

总之，无论是制定班级的工作目标，还是学生的个人目标，都必须符合上述原则。制定目标的过程是学生掌控能力提升的过程，完成目标的过程则是学生对自己管理能力历练和实践的过程。实践证明，目标管理不仅有助于班主任加强对班级的管理，更有助于学生的成长。

如何开展班级的"绿化"工作

惠水县第二中学　吴燕兰

如今，很多班主任花费学校不少的资金购买各种盆景，机械地进行美化班级，笔者认为：这种方法不可取。因为一是耗费大量资金；二是没有突出班级里学生们应有的个性特征；三是使学生们失去了锻炼的机会。所以笔者认为，班级的"绿化"工作可以从以下三个方面入手。

一、拓展学生的视野，抓好学生的思想教育

在乡村学校里，由于班主任所做的思想工作不到位，导致学生们随意采折校内的花草树木，有意踢破培植好的盆景，破坏各种美化设施等行为的发生。针对这种不良的行为，教师要有针对性地做好学生的思想教育工作。联系身边水土流失、部分珍稀动物绝迹的原因进行解说。让学生知道"绿化"的重要性和迫切性，使学生从根本上去对自身不良行为进行自我控制。增强保护自然的意识，养成积极营造舒适的自然环境的好习惯。

二、班主任的权力要下放

班主任在班上的管理不可能面面俱到，也不必要样样插手。采用培养得力的

班干部的方法，把权力下放给他们。让其组织集资、购买、栽培和布置。民主地选好护花委员、护花班长。安排护花值日表，拟订护花制度。这样，学生心里就会觉得他们是班级的主人，护花使者，每盆花里都渗透着他们的心血和汗水，都有他们义不容辞的责任。于是，他们就会自发地团结、协作，精心料理。

2013 年 9 月，我继续接任初三的班主任。出名的"捣蛋王"刘明就是在这个班，我多次对他进行教育和引导，后来他变成出色的护花组长，由于各方面的改变，他获得了同学们的热情帮助，看着茁壮的花苗，他看到了自己的长处，感觉自己并非一无是处，内心深处受到触动，激发了他的积极性，典型的转变带动了不少的后进生。不久，班风渐渐纳入正轨，增强了班集体的凝聚力。

三、创造一个竞赛的氛围

当人的大脑处于竞赛状态时的效率要比无竞赛时的效率高得多，即使对毫无直接兴趣的各种劳动，学生因热望竞赛取胜而产生的间接兴趣也会使他们忘记事情本身的乏味，而兴致勃勃地投入到竞赛中去。故此，班主任要在班里或班级之间按周次、月份开展"谁的花开得最灿烂"等竞赛活动，让校园里形成一种积极向上、努力进取、齐心协力的良好氛围。使其经常体验到成功的喜悦。随时引导他们科学地对待自己的成绩，通过竞赛使每个学生都学会自我竞赛，哪怕是花盆里刚露出的一片新芽，这就是我们的成功和胜利。

以上所说的三个方面，既让学生们在劳动中发挥主观能动性，突出了个性特征，又让学生得到真正的锻炼，何乐而不为呢？

当然，不同的地区，不同的学校，不同的管理，"绿化"的方式各不相同，形式也不一样。笔者所谈的仅仅是抛砖引玉，年轻班主任们不妨多方位大胆尝试，或许会有惊人的发现，会收到事半功倍的效果。

试探转化后进生的途径

惠水县第二中学　吴燕兰

教书育人是教师的天职，是教师责无旁贷的义务，也是教师光荣而艰巨的一项伟大的任务。因而人们常道："教师是太阳底下最光辉的职业。"的确如此，在历史的长河中老师不知经历过多少风风雨雨；也不知送走多少个金色的"朝霞"；更不知咽下多少苦涩的泪花，我教了14年书，当了11年的班主任，我曾经束手无策，望洋兴叹，有的后进生当着老师面安分守己，背着老师如脱缰的野马，坏事让他们做尽；有的见了老师怒目而视，有的见了老师毫无羞耻……怎样才能让后进生变为品学兼优的学生呢？在此谈谈我浅显的认识。

一、要把握其思想，转化其思想

记得有句格言："不能设想，一个没有远大理想，没有升学希望的人会有炽热、持久的学习热情。"青少年正处于人生观、价值观形成的时期，一定要掌握好后进生的思想动向，才能有针对性地把其思想引入正轨，树立崇高的理想，他们才会去追求，才有前进的方向和动力。所以老师应首先敞开心扉，与学生亲切交谈，走进学生的心灵世界。其次，用法国著名画家黛尼斯、美国盲聋女作家海伦、中国的张海迪等事迹去激发、影响、感化他们。使其思想转化，向理想奋进。

二、充分利用课堂教学，转化后进生

在影响后进生的诸多因素中，对所学学科不感兴趣是根本原因，对这类学生适当进行反馈矫正是必要的，但如果按照常规的补课方法，你将寸步难行，因为那些学生对没有学过的课，一会使学生困顿、厌倦，产生惰性。二会使学生丧失信心，甚至产生逆反心理。根据学生这些特点，可以采取以下几种方法。

1. 超前辅导。超前辅导就是在正课之前或每一新的单元之前，先在课外组织后进生预习内容，并讲授一些有关的基本知识。让他们事先了解新课内容，知道哪些知识已经懂得或者能够懂得，哪些知识还不能懂得，让学生带着问题去上课。上课时，教师应有意识地提出那些后进生已经懂或能够懂得的问题，让他们回答，从而用成功感、成功率激发他们的求知欲望。后进生不易懂的知识，往往是这节课的重点、难点，教师一定要详细讲授，又能使他们对课堂学习充满信心，从而变被动为主动。另外由于后进生课上能够回答、演示，对好学生则起到促进和激励作用。

2. 培养学生最佳的学习心态。只有在最佳心理状态下，学生的潜在智能才能充分发挥。陈道伟在《校本研究面对面》里说道："读书是为了获得更大的自由，而不是为了被奴役。"学生的年龄一般在14至18岁，思维活跃，个性强，可塑性强。要使学生的创造力得以充分发挥，就必须重视最佳心态的培养，懂得为什么要读书。在学习过程中有一种轻松感、愉悦感、新奇感和成功感。这样才能真正把他们的潜在智能发挥出来。

当人在轻松的时候，思维就变得迅速敏捷。在课堂上，老师要多多激发后进生大胆发言，养成不怕答错的心理，让他们享有充分的"心理自由"就形成一种心悦意爽而无任何压抑的心理状态，由这种心态他们展开自由的想象、探索，加深对知识的接受和对课文的理解。正如孔夫子说"知之者不如好之者，好之者不如乐之者"。

在轻松的基础上要诱发学生的愉悦感。因为愉悦感是最有效的精神振奋剂。学习中有愉悦感，学习起来会兴味十足，积极主动，思维机制的运转加快，知识很快被吸收。贺拉斯所说的"寓教于乐"就是这个道理。宋濂在《送东阳马生序》中说"以中有足乐者，不知口体之奉不若人也"。正因为学习中有愉悦感，连吃的穿的这些物质方面的困难也忘记了。可见精神愉悦在学习过程中的重要性。所以在教授课文时，教师可通过绘声绘色的朗读，运用语调、语气、语速、表情乃至姿势来渲染课堂气氛，使学生置身于情景交融、物我合一的意境中。

　　"为了完善最佳的学习心态，教师不应只重视教师对学生的评价，还要重视学生的自评和互评，甚至可以让学生家长参与评价。学生的自评和互评有利于激发学生的自尊、自信，促进良好学习心态的发展。"

　　"如果在工作中有不良情绪，班主任在班级管理中，要根据学生不同的生理和心理发展水平，采取有效的管理措施，使学生在不知不觉中克服不良情绪。"

　　每当后进生取得一点成绩时，哪怕是微不足道的，教师也要抓住并及时肯定。让他们看到自己努力的成绩，让他们享受成功的快乐和恰如其分的自我欣赏和陶醉。这样学生才能经常保持积极心态，才能逐渐向优等生靠近。

　　3.开发后进生的智力。首先，让其树立信心。教师最好选择一些关于智力的知识短文让学生学习，让他们了解智力主要由观察力、思维力、记忆力、想象力组成。之所以我们同优等生有较大差异，是由于缺乏定向规则、紧张的智力活动。只要我们行动起来，一定会变得聪明的。从而增强其发展智力的意志。其次，使他们掌握方法。在观察力上，告诉学生观察时要把观察对象从背景中分离出来，用比较的方法抓住特点，用尽可能多的感觉器官去认识同一实物。多带学生去观察大自然。好动是学生的天性，其肯定对活动非常感兴趣，这样学生会较快地学会观察的方法。在记忆能力上，可采用"艾宾浩斯遗忘曲线"。告诉复习的最佳"秘诀"，记忆的最佳时间。学会运用联系法、分散法、归类法等，有机地在课堂上进行记忆方法实验。这样，久而久之，学生就会养成好习惯，记忆力定会得到提高。在想象力上，教师要紧密结合课堂教学，讲解"想象"的内涵，多写些想象的作文例文，多让学生写《假如我是班主任》《假如我是班长》《升国旗所想到的》等作文，发展学生的想象力。在思维能力上，要教会学生简单的归纳、演绎、类比等推理方法。利用阅读课文和阅读课外名著训练后进生分析、综合的能力。发展后进生的智力最后还要注意学生的凌乱性和盲目性。当学生掌握这些知识后就要进行各种学习活动。你会发现后进生的程序是杂乱无章的，是盲目的。教师可借鉴书生老师的各种"知识树"，让学生把所学的知识清晰地、明确简洁地贴在不同的树枝上，使学生的杂乱性、盲目性变为有秩序、有目的的定向活动。只要学生循序渐进、坚持不懈地做下去，特别是后进生的智力也就随之而得到发展。

4. 在教学中"帮助"二字也是转化后进生的良方。我在平时辅导学生的过程中摔了不少跟头。失败的原因是忘了给学生当助手。常常站在学生对面，强制、逼迫后进生去学习。所以在辅导后进生时，教师一定事先叮嘱自己：我是在帮助学生学习，就意味着我必须到学生的心灵世界中去寻找好学上进的那部分细胞，使之兴奋起来，学起来，然后再帮助他学习。此外，还可以采用学生"一帮一活动"。先做好优生的工作，使他们认真、负责地帮助后进生。

三、教师的"身教"要到位

"为人师表是班主任处理职业劳动与自身修养之间关系的准则，是教育事业对教师特别是班主任人格提出的特殊要求。要照亮别人，首先自己身上要有光明；要点燃别人，首先自己心中要有火种。""身教重于言教"，这是教师们的口头禅。可是很多教师的"身教"不到位。如果教师很有威信，那么教师的影响就会在某些学生身上永远留下痕迹。正因为这样，所以每个教师必须好好检点自己，他们应该感觉到他们的一举一动都处在最严格的监督。"因此，教师要有良好的政治思想素质，高尚的品德修养和丰富的精神生活。应在学业上不断上进，知识要渊博，视野要开阔，爱好要广泛，这样才能"传道、授业、解惑"。教师的个人范例，对于青少年的心灵是任何东西都不可代替的最有用的阳光。教师的言行必须实事求是，不辞劳苦，诚挚勇敢，富于情感，充满爱心，要遵纪守法，举止端庄，朴实无华，自然大方，谦虚谨慎，勤学好问；工作兢兢业业，踏踏实实，正直善良，用教师的人格力量去教育学生。2003年9月1日，我进修回来就接初三班主任工作。当我迈上讲台时，发现讲台上一汪浊水，浊水中还有几片纸屑。我从浊水中捡起纸屑丢进垃圾桶内，又用拖把将浊水拭去，教室里很安静，我环视了整间教室，又用失望的眼神看着同学座位下的纸屑。瞬间，几十双手把教室内的纸屑、烂笔壳等垃圾捡得一干二净。后来才知首先带头捡垃圾的还是几位非常调皮的后进生。今天的年轻班主任不妨这样试试，或许你会为祖国造就一代代良好素质的栋梁。

四、尽一颗"慈母"似的爱心

教师要爱学生，关心学生，要以"情"激"情"，不要无动于衷。后进生因其往往受到家长和他人的冷落、歧视，觉得前途渺茫，于是"破罐子乱摔"，最容易在错误的道路上越走越远。因此要亲近他们，真心实意地和他们交朋友，多为他们办实事，使学生从一件件具体的事实中感受到教师对他们的爱，从而激发其道德情感，乐于接受教师对他们的教育。尤其对那些成绩欠佳，有缺点错误的学生，更要如春风化雨，用知识的甘露去滋润其干涸的心田。了解他们的兴趣爱好、喜怒哀乐，和他们无所不谈，走进他们的心灵世界，以心换心，施展"人类工程师"的本领。当师生之间的思想感情能够顺畅地交流的时候，这就是你的胜利。

五、应正确对待学生的错误

人无完人。人没有不犯错误的。哪怕再好的"三好生"，犯错也在所难免。后进生因其心理过程和经历的某些特殊性，往往比其他学生容易犯错误。教师要宽厚仁爱，不要苛求于人。苏荷姆斯基说过："孩子的过失不管多么严重，如果不是处于恶意，就不应该责罚他。"作为教师要冷静地对待后进生的过错，切忌讽刺、挖苦、处罚，要在平等、和谐、融洽的关系中同他们摆事实、讲道理，以情动人，以理服人。否则你将前功尽弃。

我们可以借鉴魏书生老师对学生犯错误进行处罚的三种方式：一是唱支歌；二是做一件好事；三是写一份说明书。这三种方法可谓独辟蹊径，他给我们两点启示：一要知道教师与犯错误学生之间的平等民主关系；二是"处罚"学生所产生的效应，唱歌可陶其情；做好事可促其行；写说明书可练其功。这样做不仅让犯错的学生在反思中提高认识，而且还在学业方面获得具体的效益，真是一箭双雕。此种"惩罚"还好在不留心理创伤，学生又易接受。真可谓教育艺术的创新。

除以上所说的几种转化途径外，依靠班集体的教育力量来转化后进生也是一种良好的方法。集体可以给人以温暖，可以给人以帮助，还可以给人以信心。集体的教育力量有时甚至比教师个人的教育力量还要大。因此教师可以把集体教育和个别教育有机结合起来，发挥集体教育的教育力量。

转化后进生的方法是多种多样的，我们教师可以针对不同性质、不同地区的学生来探索不同的转化途径。用"真诚"去打开学生心灵的大门。"精诚所至，金石为开"。真心地为后进生施舍一份真诚的爱心。

总之，只要我们当教师的不断提高自身的师德素质，多加情感投入的砝码，尽一颗"慈父""慈母"般的爱心，后进生定会同优等生结伴同行。这样才不辜负职业对我们的重托，才不辜负家长们"望子成龙"的好心愿。

感悟 · 随笔

河东十年

刘朝海

　　教育需要智慧，教育需要情怀；那些曾经的往事，没有尘封。从教近三十年来，一直呐喊教育精神，任何时代都需要精神，也正因如此，心中有股气，也留下了许多的想念和记忆，让我在教育教学与管理这条路上坚持到现在。

　　这篇教育随笔写于八年前，投稿时好心人说有些提法欠妥，若发出去领导可能有看法，我脾气"牯"，坚持一字不改。印刷了，还没来得及发往各校，由于特殊原因，被束之角落，我捡了几张留存至今……

一、学校印象

1994 年 8 月，24 岁的我从黔南教育学院政史系专科班进修毕业回来，便被安排到罗悃中学任教，同时去的还有两名一起进修的老师。初到悃中，只见学校坐落在罗悃镇河东村东面的小山坡上，远远望去，学校依山傍水，四周草木茂盛，几株高大的古树显得格外引人注目。

进入校园，首先看到的是一块据说是学校领导组织师生到坡脚河滩边拣鹅卵石打底硬化而成但并不十分平整的篮球场，球架上还掉了一块木板。球场的左边紧紧挨着的是一层小五间单砖瓦面结构的食堂，年久失修都快散架了，右边是修建于 1975 年的两层砖木瓦面共六个教室的原教学楼，我们去时已经改成教师的临时住所，布满烟熏和蜘蛛网的它显得那么的破旧沧桑。通过一个低矮的楼梯通道，眼前变得开阔敞亮了，坐东朝西的一栋两层砖混共十个教室的教学楼呈现在眼前，楼前一排冻青绿篱将楼和操场隔开，对直走到操场的尽头，斜坡下三十米处是一座只有一层共五个通间的第二处教师宿舍。

二、艰苦的环境

由于地处偏远，经济文化极不发达，罗悃中学的办学条件及生活环境极其艰苦。

水站供水很不正常，饮用水成了大问题。老师们到坡脚河边的渗沙水井挑水，路面差，人畜抢道还要爬坡，常常是满桶水起身半桶水到家，洗衣洗澡就只好到河里僻静的地方回归大自然了。当时和我一起吃住的还有一个学生，我俩在河边新挖了一口井，还把碗菜都拿到井边洗，屈指一算，现如今他已二十多岁了，听说他在一座大城市打工还成了家，读书时他瘦弱的身影渐行渐远，只记得他笑时露出的两颗大白门牙。最难打发的是周末，那时工资才百多元，年轻人总是没到发工资就已借了三五十元，所以不出远门，周末一帮年轻人待在学校洗洗衣、打打球、下下棋，晚上聚在一起吃从老师窗边收来炖好的猪皮，喝土酒谈天说地，仗着酒兴暗怨校长、主任的严苛。如今想来，若不是他们把全年级的政治、历史和一个班主任、校团支部书记压在我的头上，若不是他们逼我写了一份又一份的期末质量分析，若不是他们……酒毕，一伙人勾腰搭背晃荡在校园的空场上熊唱两句"又是九月九，重阳节，难聚首……"

三、师爱与成长

条件艰苦没有难住我们，毕竟大家都来自农村，尝过苦累，饿过肚子。在读书工作论的时代长大的我们，深知发奋苦读考取学校对改变一个农村子女甚至一个家庭命运的重要意义，曾经，别人成全了我们，今天，我们也应该努力成全别人。缘于此，工作十分勤恳，"先进""优秀"的奖品常常是个大搪瓷茶缸或一个大饭钵。从现象到现象来看，有时落后也有落后的快乐，那时学校没有电话、电视，更不用说电脑了，不时从学校广播室唯一的老燕舞牌收音机里听到一些新闻已是新鲜不已。男学生大多平头，女学生是乌黑发亮的小辫，显得单纯质朴，他们课余就到大自然中寻找少年的快乐与梦想，无须虚拟的空间和彩色花乱的怪头。有时周末义务讲讲课，或是和一大帮学生去某个学生家玩，心中自然暗恋学生家长喷香喷香的黄豆鸡。一路汗水一路的歌，唱不完的山花小草。要是下了晚自习，便和所有上晚自习的老师护送学生回家。我的厨房是不上锁的，是怕学生饿了，自己可以进来煮面条或炒冷饭吃，混熟的学生饿不了，脸皮子薄的就要挨饿了。若是有学生伤了病了送药送医送水自不用说。那个时候也没那么多的规章、条例保护法规，唯有"亲其师，信其道"，处处有爱便是最好的关怀最好的制度。就算偶有调皮大王捣蛋得厉害飞他两脚，毕业会餐时他们鞠躬敬酒，洒泪而别。光阴似箭，日月如梭。转瞬十多年过去了，有的在教卫一线，有的在农林财水，有的到城里闯出了自己的天地，在这众多的学生中，还有那么几个学生让我难忘：一个是毕业后还继续把每月的团费放在信封里寄给我，另一个是和我朝夕相处了三年现在在家搞养殖开挖机的学生，每每相遇，一声老师，心也满、意也足了。艰难的办学中，学校得到了社会家长的热情支持和地方政府、部门的关心。有的捐书、有的助学、有的捐水泥、有的捐课桌，老站长也跑前跑后费尽心力。但是，在"反贫困，首治愚"的年代，人们的温饱是可想而知的，社会和人们的捐助非常有限，对学校来说是杯水车薪，虽缓解了一时之需，但无法满足办学的需要，生均教育经费逐年增长的美好愿望在《义务教育法》里一躺就是十多年。尽管如此，全校三十多位教师挤在四十平方米的办公室冬练三九，夏练三伏，无怨无悔。老师们不计报酬，秉烛阅卷，刻板办刊，冬运夏舞，尽显风流。倦鸟依旧林，硕果喜金枝。当作文的探花，中考的榜眼，演讲的状元这些捷报传来时，就连小山坡上被白蚂蚁蛀空的木门窗在微风中也发出了欢快的笑声。

四、历史的变迁

忽如一夜春风来，千树万树梨花开。2003 年初，罗悃中学与其他几个兄弟学校被列为"贵州省第二期义教工程"项目学校，并破土动工。学校的基础设施建设迎来了历史上的春天，为了配合搞好基建工程，建设美好的校园，学校全体教职员工上下一条心，充分发挥主人翁的精神：架线抽水、移土填方、安装电路、栽花种草、搬运图书仪器。学校班子带头，教师组织学生成为这些工作的主力军，肩挑人扛，归类建档，流尽了汗水，耗尽了学校的财力物力。特别是给运动场铺草皮，师生们到河边取草一块一块捧到学校，汗水湿透了衣服，鞋子沾满了泥土。学校也补购一部分野草皮，只要车一到，哪怕是寒冷的半夜，老师们从热被子里爬出来，一番搬运后，东方渐白，驾驶员早已在驾驶室睡着了。要完成那么多工作，学校没钱请人，老师们就当搬运工，缺少物资，就求亲靠友，赊购缓还，每一笔钱都可以捏出水，最对不起的是老师们，连一顿饭都没得吃。建设中，我们不断总结吸收一些宝贵的经验建议，校园建设应该有所保留和传承，一草一木一屋都是学校文化的脉络，透过它们我们可以看到几代人奋斗的历程，激励后人传承学校的美好品质。然而，大多数的情况下，我们的校园建设是革命式的，在机器的轰鸣声中，历史倒下了，来不及移栽的大树被当作了柴火，在这方面我们还是成功地移栽成活了许多大树。随着栋栋大楼拔地而起，随着一套套设备的调试安装，随着一本本图书源源不断地充实着图书馆，我们的教育理念由"反贫困，首治愚"提升到了"以人为本，普及教育，狠抓质量"上。2004 年 2 月，学生们终于搬进新教室上课了。同年 9 月，在琅琅的读书声、阵阵的花香中，我调离了罗悃中学，河东十年就这样结束了。十年河东梦，几多润花雨。愿山区啃学的人们"贫者因书而富，富者因书而贵"。

天下山峰何其多，唯有此处独成林

——贵州省名校长工作室交流的研判

罗甸民中　刘朝海

确实是个不错的好天气，几天以来，黔西部的气候宜人。

2018 年 6 月 13 日至 16 日，贵州省初中名校长王友波工作室主持人、成员、学员一行 16 人赴兴义市与贵州省初中名校长朱宗文、彭显波、范国鑫工作室进行交流学习。一访三，足以说明人家那个地区的先进教育资源丰富且热情。这个地区的名校长工作室比我们黔南的多，人才辈出，可谓山峰何其多！除此之外，此地历史文化底蕴丰厚，代表中国接受日本投降的何应钦，大夏大学（华东师范大学前身）创办人王伯群均出生于兴义，他们，代表了那个时期的贵州声音。更是兴义八中的底蕴，令人深深不忘，短短 20 年，成绩骄著，蜚声省内外，在黔独树一帜，这是我将题目的名称定为"天下山峰何其多，唯有此处独成林"的原因。山川风物、卓著历史、今朝教育，交织成地方的骄傲。兴义！心仪！

几天下来，觉着黔西的教育大有江海奔流，方显英雄本色，博且拼杀的气概！办得好质量高的都是民办学校，公办教育比较悲催期期艾艾明显底气不足。国家《民办教育促进法》颁布以来，兴义地区的民办教育更是轰轰烈烈，挟民众"金州"之富，可谓风生水起，民营教育有其特殊性，所以规则的约束力不是那么的明显，生存的法则倒是鲜明透亮。

改革中的一些寄生现象，一抓就死——管得过多、捏得太紧、瞎指挥，一放就乱——趋功近利、怕作为、不敢管。

公办教育好比——鸟在笼中，恨关羽不能张飞。

经济靠高费、生员靠掐尖、管理靠封闭、招师靠薪酬是民办教育的重要生存特点。离开了某一要素极难生存。各学校招生季风尘仆仆奔赴州内各校开展生源大战，不亦乐乎！

我想，特别是义务教育阶段的教育具有法定的普惠性，那么谁为筛子下的众生教育兜底？谁为经济底层的兜底？谁为后进生兜底？教育的公平如何推进？

面临诸多情况和问题，应有清醒的认识。教育不是一门生意！教育市场化的运作，满足了社会家庭对多元教育的需要，无论是营利性还是非营利性，都是对教育的贡献。但对教育发展的引导和监督至关重要，否则给教育这一民生事业可能蒙上阴影。社会再怎么发展，都要关注民生，这是凝聚人心的事业！

大标题下，生了一个小标题——交流的研判，也就是这个意思，我们调研学习交流了，一方面喜，一方面忧，实难定论判断好与不好，下不了这个定论。那就只有看它适不适合地方的需要和成长了。千万不能把它看成教育的趋势或缩影，毕竟它不是中国基础教育的主流和声音，它，只是中国教育现阶段的有益补充。国家办好地方群众满意教育的主体地位没有动摇。

怀念当"班妈"的日子

——班主任管理工作随笔

罗甸县民族中学　黄静

昨天 2018 届的学生照毕业照，看着那些"班爸""班妈"前后张罗，一会儿招呼任课教师就座，一会儿指挥自己的孩子们站好队，一脸的欣喜满心的幸福，好不叫人羡慕。当摄影师按下快门，时光被定格在那一瞬间，相信所有人的脸上虽洋溢着欢笑，内心却是太多的不舍。想起四年前，自己组织照毕业照时的情景也是这样，忽然眼前泛起一片氤氲，不由得怀念起那时当"班妈"的日子来。

那时，我们班的学生大多数来自农村，家庭教育的缺失导致很多学生没有正确的人生观、价值观。他们刚进初一时，不能很快适应繁重的学习生活，很多内容听不懂，一堂课浑浑噩噩毫无收获。更有甚者，自己厌学，在课堂上就影响别人。究其原因，主要是因为他们缺乏自信，很多人不会听课，不会学习，所以学不到东西。

针对出现的问题，我及时召开了主题为"我相信，我能行"的班会。我先教同学们唱时下很流行的励志歌曲《我相信》。然后让大家用便利贴写上自己最想实现的目标，目标分为近期和远期的。写好后在学习小组内交换，让组内每一个成员都了解本组成员的目标。最后把目标抄在小组的工作记录本里，再把便利贴贴在自己很容易看到的地方。最好是自己自觉在规定时间里完成，自己不能自觉完成的由组员监督。

班上的小雷同学写字很差，因为字迹潦草而连抄写作业都从来没得过满分。我分析了他的字，告诉他要注意的问题。于是他就给自己定了一个近期目标，要在短时间内拿到满分。班上有统一定购的字帖，但他又自己去买了一本专门练习基本笔画和间架结构的，一有时间他就练，课间十分钟也不放过。终于功夫不负有心人，在确定目标后的第三个星期，他就拿到了第一个满分。发本子前，我在电脑屏幕上展示了小雷同学作业的扫描件，让大家猜猜是谁的作业，同学们把其他同学猜了好几遍都没有猜到他。当我说出是他的时，我看到他一脸的欣喜与自豪，头更上昂，腰更挺直，眼里迸射出自信的光芒。从此以后，小雷爱上了写字，也爱上了学习，成绩已有明显的提高。

那年11月底学校举办冬季运动会。为了让学生的能力能最大限度地表现出来，比赛之前，我组织运动员加紧训练，让体育老师给他们做足了指导。比赛中，各位运动员可是铆足了劲，每个人都展现出自己的风采。比赛结束后，我们班总成绩排在初中组第一，4个集体项目拿了3个第一，1个第二。14个单人项目，拿了7个第一，其他的也分别获第二、第三。参加此次运动会的28个同学，个个都登上了领奖台。一直以来，同学们都觉得自己很差，一点儿也没想到大家能取得这样好的成绩。

运动会期间，班上的各项服务工作安排得井井有条，每一个运动员都有一名专属的服务员，所有的同学都会为场上的同学呐喊助威，三天全班没有一个同学迟到、早退、不到场。这次运动会，同学们捧回的不仅仅是冠军的奖杯，还有班集体那股强大的凝聚力，更有班集体里同学之间的和谐共处的美好。

胜利的喜悦被写在每一位学生的脸上，也被镌刻在每一个同学的心里。当班歌《我相信》的旋律在校园里再次响起时，我看到更多同学的头上昂，腰挺直，眼里迸射出自信的光芒。

从自卑胆小到自信顽强，班上的学生一个个在蜕变，一个个在成长，我跟着他们，也在不断地成长。

那时，因为刚换了工作岗位，又接了新班，加上之前没有过带初中班的经历，所以在班级管理上基本上没有什么头绪。铃声响进教室，铃声再响出教室。回到办公室有作业就批改作业，没有作业就回家带孩子、做家务。而跟孩子们相处了一段时间，自己对初中的教育教学有了一点新认识之后，就恨不得每时每刻都待在教室里，听学生们琅琅的读书声，看学生们埋头做题，小声背书，追逐打闹。即使学生们不在教室，我也喜欢去教室。任意选一个座位坐下，想象我就是正年少的学生，坐在讲台下聆听老师的谆谆教诲，那种愉悦的感觉何其的幸福。那时就一心想着：为每一个学生能有轻松愉快的学习环境而努力。或许你会说我没有远大的理想，定然教不出心怀鸿鹄之志的学生，而我却不这么想。因为，只要学生拥有了轻松的学习环境，他们的心情必然愉悦；他们的心情愉悦了，获得的美的感受就会更多；获得的美的感受越多，他们获得的知识、经验就越丰富。

　　再后来，我与学生相处更融洽，对学生的了解越来越深入，才知道我们班学生大多数没有父母在身边管教，即使父母在身边的也不会管教，所以学生的自我管理教育就成了我班级管理工作的重心。

　　学生一升入初二，我就组织学生自己制定班级常规，然后他们就按照班级常规中的各项规定自主管理班级。毫不夸张地说，那时自己也是小小地幸福过一阵子的。因为那时，无论什么时候走进教室，你都会觉得很舒心。黑板擦得锃亮，地扫得一尘不染，作业每次交齐，两操非常认真，字帖的页码也在逐渐往后翻。课间除了上卫生间，几乎没有人出教室，有的练字，有的做题，有的背书。那场面，真让我狠狠感动了一大把。可好景不长，课间、卫生方面管理确实不错，可课堂出问题了。大家按常规表上的规定一项接一项地去做，可一到"上课认真听"这一项就模糊了。只知道听，听不进、听不懂了不知道该怎么做。于是，我迅速召集班委商议对策。大家一致同意，启用课堂评价表。课堂评价表从课前准备，到课中思考、讨论、答题等几个方面对课堂听课的步骤、方法又提出了明确的要求。学习小组内四个人，每人轮流记录，当天记录的人要写一份情况汇报。表现优秀的报班长嘉奖，学习问题交学习委员解决，纪律问题交纪律委员解决。如此一来，课堂纪律好了，学生的学习效率也提高了。

不过那时，班里 60 多个孩子里，也有几个大活宝。比如小 P，据说每天偷偷骑摩托车就是为了今后当快递骑手的极度厌学少年；比如小 L，我无数次去派出所领出来的"夜行侠"；再比如小 F，把十五六岁的花季都献给网吧；那时任你打骂责罚，他们总是一副嬉皮笑脸的样子，认错速度比现在的中国飞人苏炳添跑 100 米的速度要快很多，不悔改的决心比马达加斯加的磐石还要坚硬。初三毕业，几个宝贝被高中拒之门外，作为提前批次被"社科大"录取。

学校育英楼后面乌木林下的空地，当年是我所带班级的清洁区。那时这里是责任区，更是乐园，记录了不知多少花季少男少女的欢声笑语。如今，又是一年仲夏时节，坐在硕果累累的乌木树下，独自怀念已经远去的那些日子。不知，以后还能有机会再当"班妈"吗？

2018 年 6 月 26 日

一个人走得快，一群人走得远

——随贵州省初中名校长王友波工作室赴兴义交流活动心得

罗甸县民族中学　黄静

2018年6月13日至16日，贵州省初中名校长王友波工作室主持人率全体成员、学员赴黔西南州兴义市开展为期四天的交流活动。作为工作室学员之一，我非常珍惜这个来之不易的学习机会。

早上七点准时从罗甸出发。开始天只是有点阴沉，但上高速后却是一路细雨迷蒙，为确保安全不得不放慢速度。到惠水又费了点时间停车，所以，我成功地迟到了。活动还未开始就迟到，虽然时间不长，大家也没有责怪之意，但我心里还是羞愧难当。不过由此经历，也让自己记住：以后与大家相约出行，要根据自己的实际情况安排好时间，路程远的话，最好能提前到为好。

经过四个多小时的车程，我们于中午一点半到达黔西南州州府兴义市。同为贵州省初中名校长工作室主持人的彭显波校长已在高速路出口处等候。在进市区的路上，从彭校长口中得知，他的工作量是我们无法想象的大。但从整个交流活动的安排和他本人几乎全程陪同来看，我们不难看出，这个人强大之所在。一个管理者，他个人的能力再强毕竟也是有限的，但如果能带出一个又一个同自己的能力一样强大的团队，那这种强大的力量就会是无限的。显然，彭校长应该已经做到了。否则，他如何能在百忙之中，抽得出宝贵的时间来招呼远道而来的友人？

不然，他又如何能彻底地放松自己，始终保持愉悦的心情，几天几乎是全程陪同我们一行呢？

13 号，我们参观了兴义市桔山区的两所小学和一所初中。两所小学分别是凤仪路第一小学和金城小学，一所初中是彭显波校长所任职的桔山中学。参观结束后，在桔山中学座谈交流。座谈会上，彭显波校长说的三句话令我记忆深刻。一是，老师是学校发展的关键；二是，当老师要有牺牲精神；三是，班级管理无为而治。第二句对我触动最大。以前我们都讲"爱岗敬业，甘于奉献"。而在彭校长这里，"奉献"变成了"牺牲"。从词义上来理解，我们都知道二者的区别，也知道后者较于前者需要付出的更多。自己有的拿出来了，自己没有想办法也要拿出来。我想，是不是因为有了这种甘于牺牲的精神，才成就了像彭校长这样优秀的名校长？

14 号，我们前往贵州省初中名校长工作室主持人范国鑫校长就职的兴义市区第七中学参观交流。七中地处兴义市西城区，学校占地面积极小，学生多且又是全住校，当前办学压力相当大。学校秉承"办负责任的教育，育健康快乐的学生"的办学理念，在夹缝中生存，在困境中摸索，在创新中超越，教育教学质量在强手如林的兴义市能排在前列。了不起的兴义七中，厉害了，我们的范校长！范校长与七中人一起走过十二年，这十二年里的辛酸苦痛，恐怕没有几个人能体味得到吧？

15 号，因为兴义六中在修建，所以未能一睹六中校园的风采。不过，幸得同为名校长工作室主持人的六中的朱宗文校长带我们前往阳光书院和兴义八中参观。在阳光书院，我见到了十二年前曾有过一面之缘的王文佳校长。此时的他虽苍老了许多，但精神依然矍铄，谈吐之声依然铿锵有力，丝毫不减当年的风采。王文佳校长 2017 年在兴义八中届满离任后，受聘担任兴义书院和阳光书院校长。王校长带我们在书院内四处参观，所到之处都向我们一一介绍。在阳光书院参观仅一节课的时间，但阳光书院的建筑布局，校园文化氛围应该都深深印在了每个人的心里。与王文佳校长的交流中，从他简洁明了的话语透露出这位年过花甲的老人对教育的满腔热忱和一颗赤子之心。

四天参观了近十所中小学，对黔西南州府兴义市的教育现状大概也有几分印象了。只是兴义市公办、私校比比皆是，这十所中小学能不能代表兴义市的教育教学整体的风貌，对我来说，依然还是个谜。加上他们的办学环境和氛围跟我们确实不一样，自己所了解的又少之又少，所以有些东西不敢妄加言说。

活动结束，同行中感慨良多者一定不在少数。而我在这次学习活动中收获最大的应是我们工作室主持人王友波校长的几席话。精拣几句与大家分享：

1.思考我们现在生存的空间，要有点忧患意识，早晚有一天，我们的存在环境也会变得恶劣，到那时，你还能不能生存下去？

2.在热带雨林里，有参天的树，也有遮土的草，我们要看到各自的价值，更要允许差距的存在。

3.还是在热带雨林里，丛林有丛林的法则，在丛林中能生存下来就是最大的赢家。

4.校长要有自己心目中的学校的样子，政府给不了我们想要的学校，但我们能办出老百姓满意的学校。

5.教师是学校发展的关键，而教学质量是学校的生命线。

6.中国人信仰教育。因为千百年来，教育保有底层社会由此而向上的一个通道，它能完成人的上升。我们教育者就是要保障这个通道的畅通，不要让这个通道被人为地阻塞了。

这些话就像一道道光芒，闪射出王校长的教育思想和智慧；这些话也像一句句誓言，凝聚着王校长对教育的深沉的责任感；这些话更像一块块板子，重重地打在我们每个教育人的心上，让我们痛定思痛，保持清醒的头脑办教育。

本次活动结束了，但学习永远在路上。愿我们在前行的路上，能相扶相携走得更快更远。

2018 年 6 月 21 日

积极做好迎接教育变革的准备

——《教育正悄悄发生一场革命》读后感

惠水县第二中学　黎显邦

借贵州省名校长王友波工作室组织集体读书的机会,带着对未来教育的期盼,我阅读了《教育正悄悄发生一场革命》一书,的确,教育正在悄悄发生一场革命,而这场革命的催化剂就是日新月异的信息技术。

这一场革命中的两个主角均发生了改变。未来教师角色将发生转换,传统教育中,课堂上学生直接受到教师的影响、主宰。原来的课堂是老师用心教学生认真听,老师是知识的代言人。未来的教师将由知识的讲授者变成课堂的组织者和引导者,信息技术的发展逐步让教师这个职业越来越离开班级和讲台,而走向网络、走向银屏。走下讲台的教师,一部分会争取成为主角,更多的将成为助教。传统的课堂模式以及教师的权威将发生根本性的逆转,教师和学生之间不再只是单纯的教与学,更多的是沟通和合作。信息技术的存在和发展,教师将逐渐向教练转变。信息技术的发展使得未来的学生的学习方式悄悄变革,学生可以从网络获得他们所需要的资源,课堂上教师教授的将越来越少,网络的应用将会越来越多。学习是一种自主的行为,学习是一种自组织的行为,学习是一种协作的行为,学习是一种可视的行为,学习是一种轻松快乐的行为,学习是一种可控的行为。知识不再是通过教师传授得到,而是学生主动参与到学习当中来而获得的。

任教近二十年的我，带着自己能做好本职工作、有很强的自信心，电脑技术还过得去，擅长学习和接纳新知识，教学方面也没有大问题的优越感来读这本书。但我在阅读过程中，却备受挫折和打击。原来，我所认为的这些优越，并不是可以让我引以为傲的资本，我所拥有的也绝非什么了不起的技能，我的教育理念已经落后了很多。

阿诺斯曾说过，人类历史中的许多灾难都源于一个事实，其社会的变化总是远远落后于技术的变化，这一点在教育上的体现尤为明显，时间已然到了2017年，技术的发展，一年比一年快，一年比一年超越人类的想象，信息技术的变革、大数据的发展越来越多地改变了人们的生活。但是作为人类息息相关的教育却没有随着科学技术的进步而发生天翻地覆的变化，现有的变化，大多也是物质上的变化，硬件上的变化。的确，现在学校教学设备越来越高级，电脑、音响，电子白板，微机室、录播室、标准的实验室等硬件设施一应俱全，但是，作为更应该与时俱进的教育理念却没有随着时代的进步科技的发展、硬件设施的更新换代而与时俱进，相反多教师的教育理念、学校的管理模式还是停留在"遥远的从前"。

所以，作为一名教师，在教育改革悄悄来临之时，我们要积极地做好充分的准备。教师个人要坚持不断学习新知识新理念，随时关注新教育形势的发展，积极学习掌握教育教学新技术和新技能。学校要加强硬件设施的投入与建设，紧跟新技术发展，引进新的管理工作理念和先进设备；创造条件和环境，让教师有机会、有场地学习和提高，轻松开展教研活动；让在学校学习的学生能够充分参与学习，学有所得，学有所成。

信息技术的变革，确实已带来了教育的革命，革命已经从设施设备的层面开始，虽然还未能达到震撼人心的效果，但是作为身在其中的每位教师，迎接这场由云技术、物联网、数据库技术、社会网络技术引起的教育革命是已经无可避免了，我们只有积极做好迎接教育变革的准备，不围观、不等待、不抵制，努力逐浪前行，力争在这一场革命中脱胎换骨，在浪尖上优雅起舞。

又见晨曦

贵州省惠水县第二中学　黎显邦

2016 年 10 月 21 日，"贵州省校长培训项目华师高级研修班（第二阶段）"的培训开班了，我又有幸得以参加学习。重回武汉，已不陌生，但三天来的学习，给了我新的收获和启发，感觉心中那缕期待已久的光线在逐渐明晰。

一、我对"教育工作是神圣"的感悟加深了

三天来，聆听了四位全国优秀的教育专家、领导的精彩讲座。华师大雷万鹏教授的《义务教育均衡发展战略指导》，贵州教育厅任明勇主任的《以教师发展促进学校发展引领教育发展》，二位专家、领导在报告中清楚地告诉了我们，为了提高全民族的文化素质，让所有的人都有享受到应有的教育，国家正在进行新的教育改革和推进教育均衡发展；为了提高教师的教学能力和学校的办学质量，各级政府和教育主管部门正在组织和加强教师、校长的培养培训……可见，教育是全社会的教育，全社会都在关心、都在努力办好教育，不仅仅只是我们教师、校长、学校在独行。为了办好教育，全社会正和我们一起努力，我们的教育工作是伟大的，是无比神圣的。

二、我又学到了新的工作方法和管理思想

我在以前的工作中，总是想到哪儿，算到哪儿，说到哪儿，做到哪儿。说完、做完就算，很少归纳总结、提炼经验，致使工作一直在做，但就是没有很好的改进、提高。听了武昌区教研专家沈旎的《校本教研与校本课程建设中校长的领导力》和扬州翠岗中学李明刚校长的《基于信任文化的学校管理》的讲座后，从二位专家、校长的成功经验中我看到了，信任是团结的基石，信任凝聚人心；要学会用高远的思想去引领方向，用细密的制度去引导过程；要学会以课程建设为中心开展教学管理，以学生成长为目标开展教学工作。他们告诉了我，教育工作的方法和途径是多样的，需要我们在平时的工作中不断地去学习思考、总结改进和升华提高。

学校管理要多一点"贴心、细心和耐心"

黎显邦

在"国培计划（2016）"贵州省校长培训项目乡村初中名校长高级研修华中师范大学班（第二阶段）的学习中，我观摩了武昌实验小学、华师一附中初中部、武汉市武路路中学、卓刀泉中学等学校，其间我们参观了学校风貌，聆听了学校经验介绍，学习了学校教育教学、校园文化创建方面的成功经验，我发现，这些学校的成功和卓越，得益于管理者的贴心、细心和耐心。

一、在学校环境、文体文化设施的设计、布局上贴合学生年龄特性和需求

我们参观的武昌实验小学，针对小学生爱玩的特性，充分利用校内操场、房头屋底、墙根树下、梯脚廊尾，精心设计了学生作品展示区、树屋、跷跷板、楼间滑梯、攀岩墙、室内乒乓球桌等文体设施，供学生课间玩耍嬉闹、锻炼身体。华师一附中初中部、武汉市武路路中学、卓刀泉中学是初中学校，侧重增长才智和审美培养，校园环境清新静丽、文化氛围浓厚，课外时间，学校还为他们开设了丰富多彩的兴趣小组和学生社团活动，让学生自由选择发展个人兴趣、才艺特长。对比看来，这几所中小学在学校环境、文体文化设施的设计、布局上的形式虽各有不同、各有特色，但都有一个共同点，就是都贴合本校学生的年龄特性和需求，这充分体现了管理者的贴心。

二、在管理方案设计和工作细节上理念清晰、上下通畅、有效有益

听了华师一附中初中部的学工部和武汉市武珞路中学八年级部管理工作经验介绍的两个讲座，不难发现，不管是校级的学工部，还是小一级的八年级部，做的都是具体的学生、老师的管理工作。虽因学校理念和所辖权责不同，两个管理单位的方向和细节不同，但学工部和八年级部在各自学校内的工作开展和取得的成绩均是不可否认的、是卓有成效的。对比不难发现，他们在方案设计上紧紧围绕学校办学理念、思路清晰，工作细节落实到位、上下衔接通畅，管理才取得如此惊人的实效。这是管理者将学校理念和工作细节高度黏合、细心衔接的结果。有道是，教育的精彩源自教育的细节，可见，两个学校的优秀得益于管理者的细心。

三、耐心团结每一位教师和学生，实现学校和师生的共同成长

想象中，武昌实验小学、华师一附中初中部、武汉市武珞路中学、卓刀泉中学等学校，作为武汉市学校教育的佼佼者，一定是成绩顶尖的学生的聚集地，要不哪来的优秀和卓越。但我错了，他们同样是在划片招生、就近入学的政策下办学，入学时学生学习成绩和能力同样存在不小的差异，同样存在好、中、差之别。但在三个学校的讲座中，经常听到这些话：所有老师和所有学生都参加、充分信任每位老师和学生，等等。武昌实验小学，学生可以和校长去争取安装跷跷板，学校听进学生的建议修改连接两栋楼的通道设计方案，让大树穿板而过，成为校内一个久传不衰的佳话。华师一附中初中部，武汉市武珞路中学的社团活动的开展，要求每个学生至少选择一项报名参加，一个都不能少，并指定教师关心学生的心理健康和兴趣爱好培养，相信每位学生都能成才，积极为学生的成长成才营造氛围和构筑空间。对每位新教师都制订了详细的培养计划，有具体的指定教导教师、培养对象，规定培训内容和过程记录。可见，管理者没有放弃任何一员师生，始

终认定工作是大家的，成绩是共同的，学校的卓越和拔尖，离不开全体师生参与，始终坚持团结每一位教师和学生，耐心地鼓励大家共同努力。可见，管理者的耐心很重要。管理者对每位教师、每位学生的耐心引导和培养，管理者对每位教师和每位学生的耐心守候和等待，才能换来学校整体及师生长久的发展和耀眼荣光。

在未来的日子里，我们应该努力前行、不断改进，为了学生的成长和学校的发展，工作上做到多一点贴心、细心和耐心。

2016 年 10 月 25 日

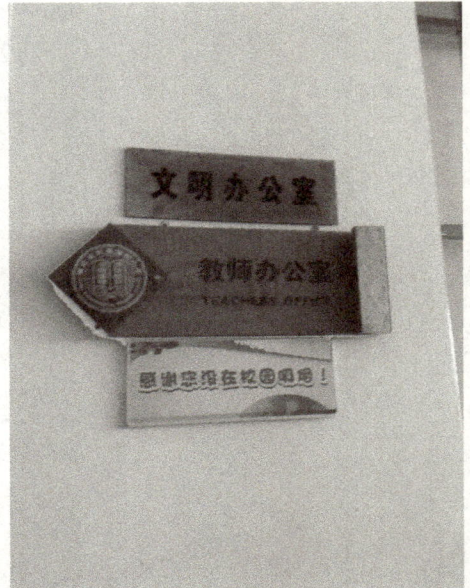

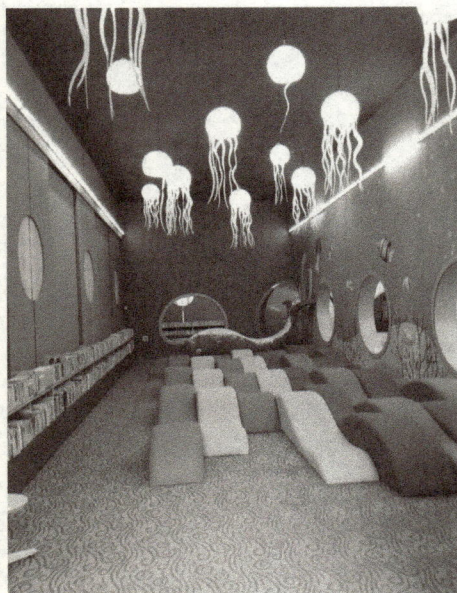

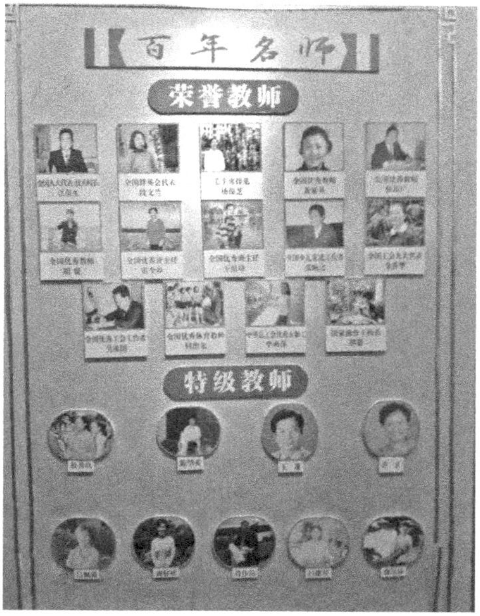
百年名师
荣誉教师
特级教师

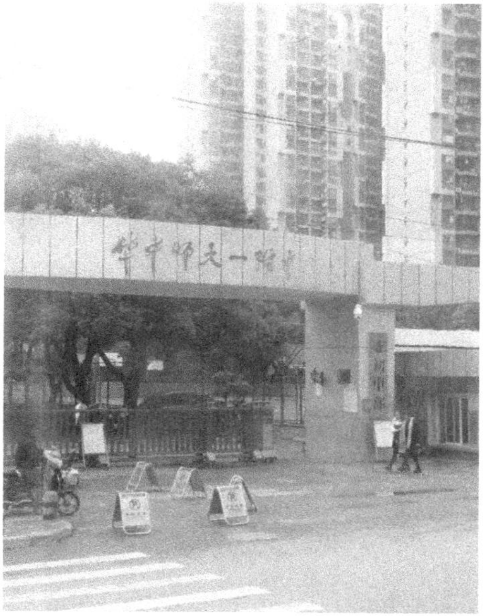
华中师大一附中

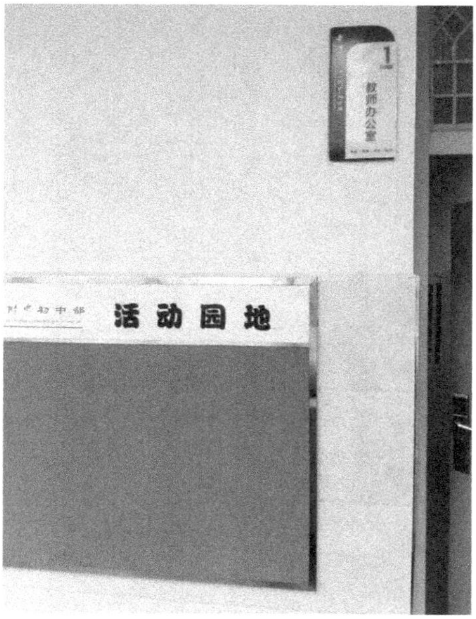
教师办公室
活动园地

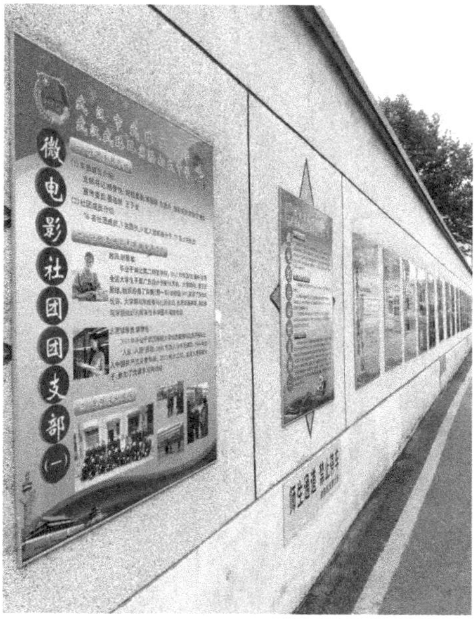
微电影社团团支部(一)

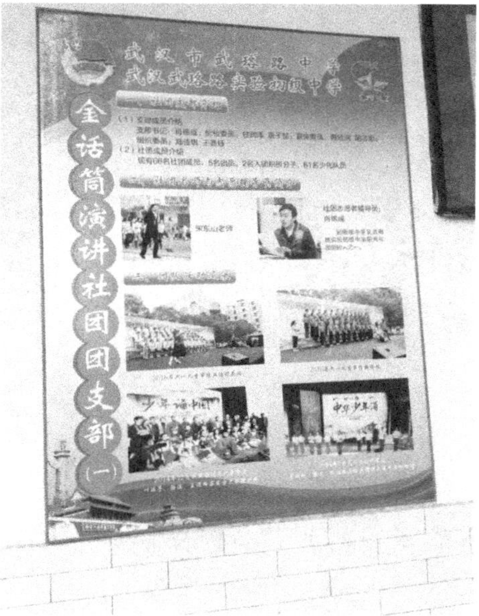
武汉市武珞路中学
武汉武珞路实验初级中学
全话筒演讲社团团支部（一）

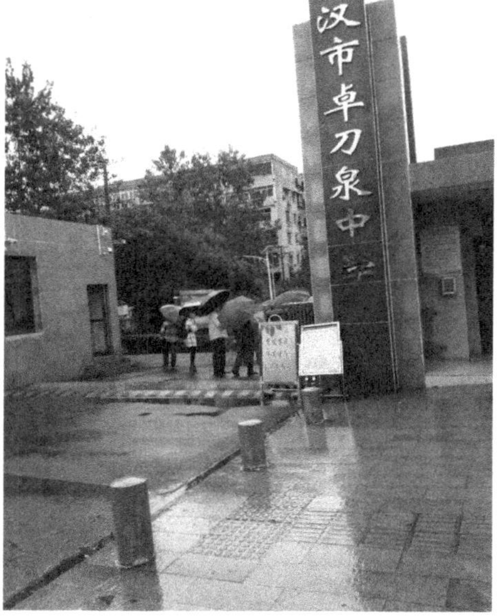
汉市卓刀泉中

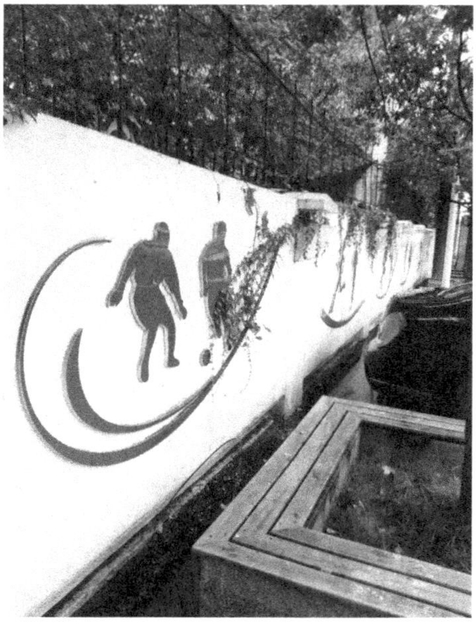

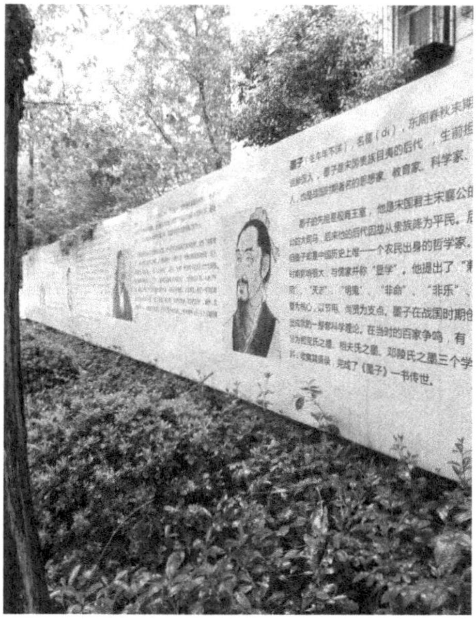

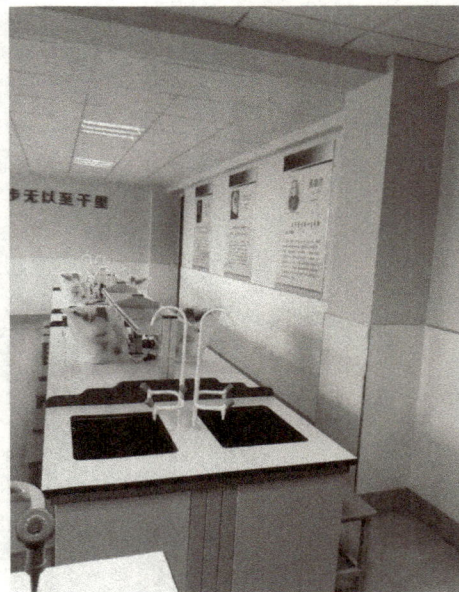

信心+习惯+健康+勤奋=成功

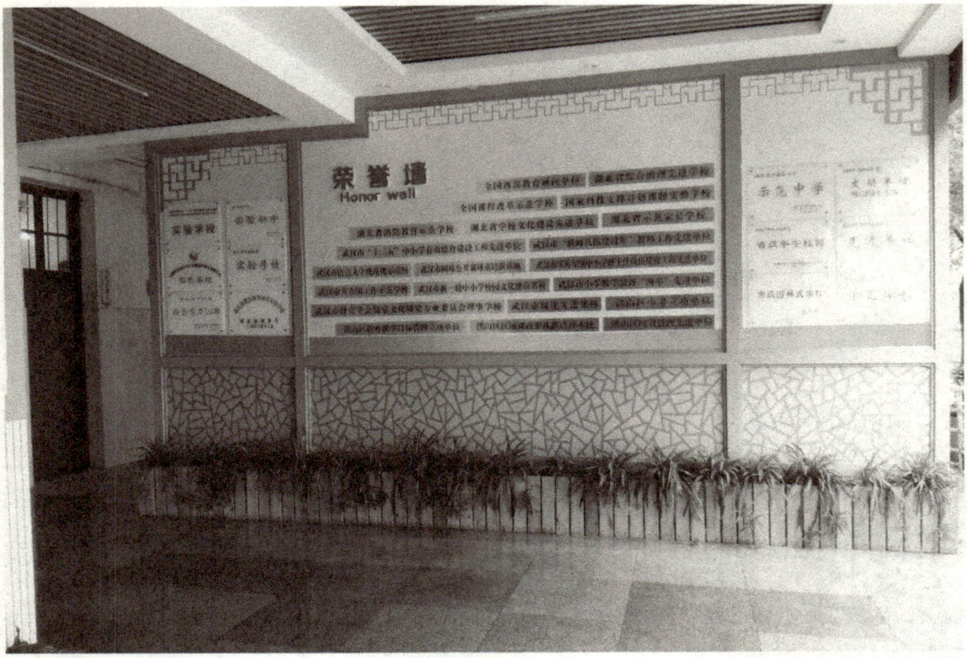
荣誉墙
Honor wall

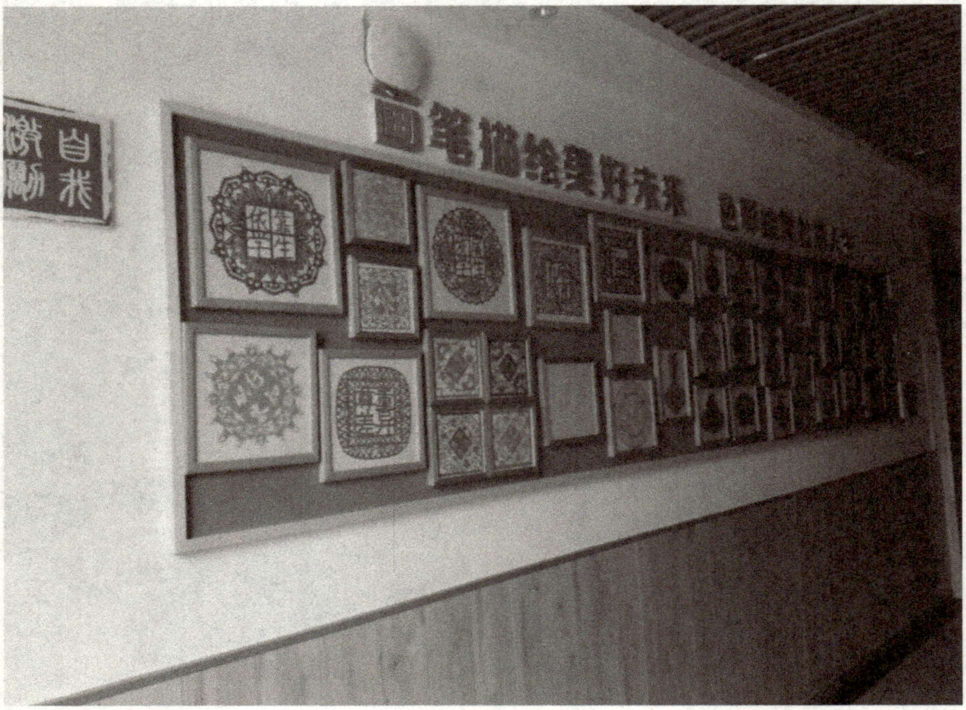
笔描绘美好未来